Wolfgang Rödler

Der Camino hat mich gerufen

Begegnungen und Erfahrungen auf dem Jakobsweg

Ein Pilgertagebuch

Bilder und Umschlagsgestaltung:
Elke Rödler

Bibliografische Information der deutschen
Nationalbibliothek:
Die Deutsche Nationalbibliothek verzeichnet
diese Publikation in der Deutschen National-
bibliografie. Detaillierte bibliografische Daten
sind im Internet über http:/dnb.dnb.de abrufbar.

Herstellung und Verlag:
BoD – Books on Demand, Norderstedt

ISBN 978-3-7519-1680-6

Für Elke, meiner treuen Camino- und
Lebensgefährtin.
Sie war die Initiatorin unserer
Pilgerwanderung.

Und für unsere Camino-Freunde,
die wir auf dem Jakobsweg getroffen
haben und die uns Einblick in ihr Leben
und Denken gaben.

Inhaltsverzeichnis:

Vorwort		8
Der Jakobsweg		11
Saint-Jean-Pied-de-Port	16.4.2018	20
Roncevalles	17.4.2018	30
Larrasoana	18.4.2018	34
Pamplona	19.4.2018	38
Puente la Reina	20.4.2018	42
Estella	21.4.2018	49
Los Arcos	22.4.2018	52
Logrono	23.4.2018	54
Navarrete	24.4.2018	59
Nájera	25.4.2018	65
Santo Domingo de la Calzada	26.4.2018	68
Belorado	27.4.2018	76
Burgos	28.4.2018	79

Burgos	29.4.2018	84
Hontanas	30.4.2018	86
Boadillo del Camino	1.5.2018	94
Villalcazar de Sirga	2.5.2018	103
Calzadilla de la Cueza	3.5.2018	106
Sahagun	4.5.2018	109
León	5.5.2018	115
León	6.5.2018	119
León	7.5.2018	121
Villadangos del Paramo	8.5.2018	124
San Justo de la Vega	9.5.2018	129
Rabanal del Camino	10.5.2018	137
El Acebo de San Miguel	11.5.2018	145
Ponferrada	12.5.2018	153
Villafranca del Bierzo	13.5.2018	158
Vega de Valcarce	14.5.2018	160
Biduedo	15.5.2018	168

Samos	16.5.2018	172
Sarria	17.5.2018	175
Portomarin	18.5.2018	180
Palas de Rei	19.5.2018	184
Melide	20.5.2018	187
Arzua	21.5.2018	190
Pedrouzo/Arca	22.5.2018	192
Santiago de Compostela	23.5.2018	195
Santiago de Compostela	24.5.2018	203
Cee	25.5.2018	206
Cee	26.5.2018	208
Fisterra	27.5.2018	210
Lires	28.5.2018	215
Muxia	29.5.2018	217
Santiago de Compostela	30.5.2018	220
Santiago de Compostela	31.5.2018	222
Anmerkungen		225

Vorwort

Im Frühjahr 2018 sind meine Frau Elke und ich den klassischen Jakobsweg in Nordspanien gewandert. Ein Jahr später haben wir darüber einen Bildervortrag im Gemeindehaus der Martinskirche Albstadt-Ebingen gehalten, begleitet von einer Gemäldeausstellung meiner Frau, in der sie in 27 Gemälden und Zeichnungen ihre Impressionen des Caminos festhielt.

Zunächst haben wir mit rund 30 Interessenten für diese Veranstaltung gerechnet und waren völlig überrascht, dass zum Beginn unseres Vortrages der Saal bis auf den letzten Platz besetzt war. Über 100 Personen waren gekommen, was unsere kühnsten Erwartungen bei Weitem übertroffen hat.

Das große Interesse an diesem Thema und zahlreiche spätere Nachfragen zu unserer Pilgerwanderung haben den Plan reifen lassen, den Inhalt des Vortrages zu erweitern, in Buchform zu bringen und mit einem Teil der Bilder, die an dem Vortragsabend ausgestellt waren, zu ergänzen. Das Ergebnis halten Sie in den Händen.

Vielleicht werden Sie ja beim Lesen des Buches dazu motiviert, selber einmal auf dem Jakobsweg zu wandern. Es wäre auf jeden Fall einen Versuch wert, denn für viele Pilger ist der Camino zur wichtigsten Reise ihres Lebens geworden.

Albstadt, im Mai 2020

Wolfgang Rödler

Der Erlös aus dem Verkauf dieses Buches kommt dem sogenannten Spendenweg ‚alles unter einem Dach‘ zur Außenrenovierung der Martinskirche in Albstadt-Ebingen zugute.

Der Jakobsweg

Der Jakobsweg erlebt seit Jahren einen rasanten Aufschwung. Hunderttausende nehmen jedes Jahr die Mühe auf sich, diesen Weg zu gehen. Was motiviert diese Pilger? Woher kommt der Mythos dieses legendären Wanderweges?

Unter dem Namen ,Jakobsweg' verbirgt sich eine Vielzahl von Wegen, die sich wie ein Spinnennetz über ganz Europa ziehen. Sie haben alle das gleiche Ziel: Santiago de Compostela.

Als klassischer Jakobsweg gilt dabei die Strecke, die als Navarrischer Weg im französischen Pyrenäenort Saint-Jean-Pied-de-Port beginnt, sich in Puente la Reina mit dem Aragonischen Weg (Ausgangsort Puerto de Samport) zum Französischen Weg vereinigt, der dann über die ehemaligen Königsstädte Pamplona, Burgos und Leon bis ans westliche Ende Spaniens führt. Über dreihundert Städte und Dörfer sind entlang dieser ziemlich genau 800 Kilometer langen Route entstanden, die zu einer der wirtschaftlichen und kulturellen Hauptschlagadern Spaniens geworden ist.

Schon in vorchristlicher Zeit galt diese Strecke als besonderer Weg, an dem sich viele heilige Stätten befanden. So hatten bereits die Kelten entlang dieses Pfades eine ganze Reihe von heiligen Hainen und Plätzen, die sie besonders verehrten, insbesondere das Kap in Finisterra, das für sie das Ende der Welt darstellte. Auch die Römer kannten die besondere Kraft dieses Weges und erstellten entlang seines Verlaufs verschiedene Tempel und Kultzeichen, so zum Beispiel am heutigen Cruz de Ferro.

In der Kathedrale von Santiago de Compostela befindet sich der eigentliche Ursprung des gesamten Jakobswegmythos – das Grab des Apostels Jakobus. Der Legende nach soll Jakobus, einer der zwölf Apostel, nach dem Kreuzestod Jesu nach Spanien gereist sein, um dort zu missionieren. Nach seiner Rückkehr sei er auf Befehl von König Herodes gefangen genommen und anschließend geköpft worden. Einige seiner Anhänger hätten dann seinen Leichnam gestohlen und in Jaffa auf ein Schiff verladen, dessen Besatzung aus unsichtbaren Engeln bestanden habe. Das Schiff sei sieben Tage über das Mittelmeer gesegelt und schließlich in Galicien bei der heutigen Hafenstadt Muxia angelandet. Dort sei der Leichnam auf einen Ochsenkarren verladen worden und an dem Ort, an dem sich die Ochsen niedergelassen haben, sollen die Gebeine des Heiligen begraben worden sein.

Im Jahr 813 ist dieses angebliche Grab wiederentdeckt worden. Ein Einsiedler namens Pelagius gab damals an, immer wieder bei Nacht an einer bestimmten Stelle merkwürdige Lichterscheinungen wahrgenommen zu haben, einem Sternenregen ähnlich. Der zuständige Bischof Theodomir ließ auf dem Feld Nachforschungen und Grabungen vornehmen (daher der Name Compostela: lat. Campus Stellae = Sternenfeld). Und tatsächlich, man stieß auf ein Grabgewölbe und erkannte prompt, dass es sich dabei um die Gebeine des Heiligen Jakobus (Sant'Iago) handeln müsse. Der Mythos von Santiago de Compostela war geboren.

Das fügte sich gut! Spanien erlebte in dieser Zeit einen radikalen Umbruch. Große Teile des Landes waren seit dem Einfall der Mauren, einem islamischen Berbervolk aus Nordafrika, im Jahr 711 besetzt worden. Die ‚Entdeckung' des Jakobusgrabes stellte nun eine nicht hoch genug einzuschätzende Gelegenheit dar, den Spaniern und vor allem den verhassten Okkupatoren deutlich zu machen, dass Spanien ein urchristliches Land sei, denn Gott selber habe durch das Auffinden des Jakobusgrabes ein himmlisches Zeichen gegeben, dass er mittels des Heiligen seine schützende Hand über ganz Spanien halte werde. Das war natürlich Balsam für die geschundene spanische Seele. Es entwickelte sich daraus der Mythos, dass Jakobus höchstpersönlich in der Schlacht von Clavigo im Jahr 844 auf einem weißen Schlachtross reitend eingegriffen und damit den christlichen Heeren zum Sieg verholfen habe. Seither gilt er als ‚Santiago Matamoros', Jakobus der Maurentöter. So wird er auch noch in vielen Kirchen auf dem Jakobsweg dargestellt und verehrt. Jakobus wurde damit zur Leit- und Identifikationsfigur der Reconquista, der Zurückeroberung Spaniens von den Mauren. Der letzte maurische Herrscher wurde 1492 von den katholischen Königen Ferdinand von Aragon und Isabella von Kastilien besiegt. In der Zwischenzeit hatte sich der Jakobsweg zu einer der wichtigsten christlichen Pilgerrouten entwickelt und war gleichrangig mit den Wallfahrten nach Rom und Jerusalem.

Seine wirtschaftliche Bedeutung war entsprechend gewachsen. Zahlreiche Pilgerherbergen, Kirchen, Klöster,

Hospitäler und andere Einrichtungen zur Betreuung der Pilger waren entlang des Caminos entstanden. Ganze Dörfer und Städte lebten fast ausschließlich von den frommen Wanderern, zu deren Schutz sich sogar eigene Ritterorden gebildet hatten, so etwa die Templer, die über großen Einfluss in ganz Spanien verfügten. Schätzungen gehen davon aus, dass zur Hochblüte des Caminos im Mittelalter jährlich zwischen 200.000 und 500.000 Menschen zum Jakobusgrab pilgerten. Wie viele dort tatsächlich angekommen sind, ist unbekannt, es sollen nach mittelalterlichen Berichten aber täglich bis zu 1.000 Pilger gewesen sein.

Die Bedeutung des Caminos in der damaligen Zeit unterstreicht auch eine Bulle von Papst Johannes XXII aus dem Jahr 1332, die all denjenigen die zeitweise Erlassung von Strafen im Fegefeuer versprach, die Pilgern Unterkunft und Verpflegung gewährten.

Ab dem 16. Jahrhundert begann allerdings die Zahl der Pilger drastisch zurückzugehen. Neben der Verdrängung der Mauren von der Iberischen Halbinsel spielte dabei vor allem die Reformation eine große Rolle. Luther war, wie andere Reformatoren auch, kein Freund des Pilgerns. Außerdem wirkten die brutalen Übergriffe der spanischen Inquisition abschreckend, die auch vor frommen Pilgern nicht Halt machte.

So waren zum Beispiel einige Pilger aus Bayern auf dem Rückweg von Santiago de Compostela wochenlang einer ‚peinlichen Befragung' (Folter) unterzogen worden, weil sie es angeblich versäumt hatten, vor dem Besuch der Kathedrale ihre Beichte abzulegen.

Zudem entwickelten andere Länder, vor allem Frankreich und Deutschland, eigene Wallfahrtsorte, die als Einnahmequellen große Bedeutung erlangten, weshalb die zuständigen Herrscher auch immer unwilliger den Pilgern, die nach Santiago wandern wollten, die dafür notwendigen Genehmigungen ausstellten. Und wieso sollte man sich auch den Gefahren einer Wanderung ins weit entfernte Galicien aussetzen, wenn man in der Heimat ebenfalls den Pilgersegen und den damit verbundenen Sündennachlass gespendet bekam?

Nach der Aufklärung und der napoleonischen Ära setzte sich in ganz Europa eine intensive Säkularisierungswelle durch. Der Sinn von Pilgerreisen wurde immer mehr in Frage gestellt und die dadurch rasant abnehmende Zahl der Pilger führte zu einem Verfall der karitativen Struktur des Jakobsweges, viele Pilgerherbergen und Hospitäler wurden aufgegeben und anderen Zwecken zugeführt oder dem Zahn der Zeit überlassen. Doch das Pilgern auf dem Camino kam nie ganz zum Erliegen.

Es war daher schon lange an der Zeit, dieser heiligen Sache wieder neuen Aufschwung zu verleihen. Man hatte das Ganze doch zu sehr schleifen lassen, seit die Gebeine des Heiligen Jakobus 1589 spurlos verschwunden sind. Damals hatte man aus Panik vor einem angeblichen Angriff des englischen Seehelden Sir Francis Drake auf das nahegelegene La Coruna und der damit verbundenen Angst, die protestantischen Briten könnten auch Santiago besetzen und die Reliquien des Apostels stehlen, diese vorsichtshalber entfernt und an einem ‚sicheren' Ort verborgen, den nur wenige Eingeweihte kannten. Doch versäumten diese nach dem Abzug der

Engländer, die Gebeine wieder in die Kathedrale zurückzubringen. Und die waren so gut versteckt, dass man sie später nicht mehr auffinden konnte. Deshalb ließ der Erzbischof von Santiago 1879 erneut nach den Reliquien suchen – und tatsächlich entdeckte man alsbald verschiedene Skelette. Nach der Begutachtung von drei Professoren der Universität von Santiago wurde eines der Gebeine als das des Apostels Jakobus erkannt und zwar deshalb, weil an dem betreffenden Schädel an derselben Stelle ein Loch klaffte, wie es beim verlustig gegangenen Jakobus der Fall gewesen war. Die Begeisterung über den Fund war so euphorisch, dass sogar Papst Leo XIII 1884 die Echtheit der Gebeine in einer Bulle bestätigte. Dass bei späteren Ausgrabungen an gleicher Stelle eine ganze Anzahl weiterer Grablegen aus römischer Zeit entdeckt wurden, spielte dabei keine Rolle mehr. Der Volksglaube überragt und erträgt eben vieles und der Verehrung des spanischen Nationalheiligen haben solche Nebensächlichkeiten sowieso nie einen Abbruch getan.

Nach dem Zweiten Weltkrieg bekam der Jakobsweg eine zusätzliche Bedeutung als Friedens- und Versöhnungspfad. Vor allem der Besuch von Papst Johannes Paul II in Santiago d. C. im Jahre 1982 verhalf dem Camino zu einer erstaunlichen Renaissance. Bei der sogenannten Europa-Feier rief er den alten Kontinent dazu auf, seine christlichen Wurzeln wieder neu zu beleben. 1987 erklärte der Europarat den spanischen Jakobsweg zum ersten Europäischen Kulturweg und 1993 wurde er zum Weltkulturerbe der UNESCO erhoben.

Seit der Jahrtausendwende scheint die Attraktivität des Caminos wieder so hoch zu sein wie in seinen alten Tagen.

Waren es 1980 am Ende der Franco-Ära kaum 200 Pilger, so stieg ihre Zahl bis 1990 schon auf knapp 5.000 jährlich, im Jahr 2000 auf über 55.000 und überschritt im Jahr 2018 bereits die 300.000-Grenze deutlich. Aus aller Welt strömen die Pilger auf dem Camino zusammen, wobei über 90 Prozent von ihnen bis dato angeben, aus religiösen oder spirituellen Gründen den Camino zu laufen.

Der Papst fasste die Bedeutung des Jakobsweges in seiner oben erwähnten Rede treffend zusammen:

„Hierher kamen Christen aus allen gesellschaftlichen Schichten, vom König bis zum ärmsten Dorfbewohner. (…) Es kamen Heilige wie Franz von Assisi und Brigitte von Schweden bis hin zu den vielen Sündern, die hier nach Vergebung suchten. (…) Die Pilgerreise nach Santiago war eines der wichtigsten Elemente, um das gegenseitige Verständnis so verschiedener Völker wie der Lateiner, Germanen, Kelten, Angelsachsen und Slaven zu fördern. Sie brachte Menschen näher zusammen, verband und einte sie. Über Jahrhunderte begegneten sich auf der Pilgerfahrt Menschen als Zeugen Christi, die sich zur Frohen Botschaft bekannten. (…)"

(Santiago Matamoros, Kathedrale von Burgos)

(Santiago als Pilger, Klosterkirche Santa Maria la Real, Nájera)

Saint-Jean-Pied-de-Port - 16.4.2018

Auf meinem Abrisskalender steht für den heutigen Tag folgender Spruch: „Manchmal geschieht es, dass ein waghalsiger Schritt ins Ungewisse uns ein Geschenk für die Zukunft gibt." Das Zitat stammt von einem gewissen Jorin Utzon, der mir zwar unbekannt ist, aber trotzdem hoffe ich, dass er recht hat. Wir haben den Sprung ins Ungewisse gewagt und sind tatsächlich heute Abend in Saint-Jean-Pied-de Port angekommen. Lange ist es fraglich gewesen, ob wir überhaupt starten sollen oder können.

Seit acht Monaten haben wir uns auf diesen Tag vorbereitet und schon im vergangenen Sommer damit angefangen, die notwendige Ausrüstung zu kaufen: hochwertige Rucksäcke, rückenfreundlich und von allen Seiten leicht zugänglich, bequeme Trekkingschuhe, zusammenklappbare Wanderstöcke, alles von bester Qualität und möglichst leicht. Hier sollte man nicht sparen, denn das bereut man sonst später auf der Wanderung bei jedem Meter. Wir haben angefangen, Spanisch zu büffeln, Elke täglich zwei bis drei Stunden, ich hatte schon nach einer Stunde genug. Auch das sollte sich als äußerst nützlich erweisen.

Denn, wie sich später herausstellte, können viele Spanier kein Englisch und selbst in den Hotels, in denen wir übernachteten, taten sich die meisten Empfangschefs mit Fremdsprachen schwer.

Kurz vor Weihnachten kam dann der große Schock. Ich erlitt einen Bandscheibenvorfall und musste bis Februar auf alle sportlichen Tätigkeiten verzichten. Dafür hatte ich eine

Vielzahl von Terminen beim Physiotherapeuten und zur Schlingentischbehandlung.

Unser Wunsch, Anfang Mai den Jakobsweg zu beginnen, schien in weite Ferne gerückt zu sein. Doch ich hielt mich eisern an die Weisungen meines Arztes und hatte tatsächlich Erfolg. Mitte März war meine Therapie abgeschlossen und die Bandscheibe wieder an dem Ort, wo sie eigentlich hingehört. Mein Arzt gab mir daraufhin sein Okay für unsere Wanderung, aber unter folgenden Bedingungen: Ich musste ihm erstens versprechen, eine feste Rückenbandage (eine Art Korsett) während des gesamten Weges zu tragen und zweitens, mein Rucksackgewicht auf maximal acht Kilo zu beschränken. Ich sagte ihm natürlich sofort zu, seine Ratschläge auf jeden Fall zu befolgen. Das erstere war kein Problem. Bei der zweiten Bedingung hingegen musste ich einen Kompromiss eingehen. Nachdem ich nun wirklich alles weggelassen hatte, was für eine so lange Pilgerreise nicht unbedingt notwendig war, kam ich trotz aller Bemühungen beim Probewiegen nie unter 12 Kilo. Ich beruhigte mich aber mit dem Gedanken, dass das Gewicht während unserer Wanderung sowieso durch den Verbrauch der Hygienemittel abnehmen würde und man bei dem bisschen Mehrgewicht ja schließlich nicht gleich das Schlimmste befürchten müsse. Zudem haben wir ja auch nicht umsonst neben unseren regelmäßigen Besuchen des Fitness-Studios noch täglich zusätzliche Übungen zur Stärkung unserer Bauch- und Rückenmuskulatur gemacht. Ich fühlte mich also wieder fit und wir entschlossen uns kurzerhand, den Start vorzuverlegen. Anfang April buchten wir per Internet einen Direktflug von Stuttgart nach Bilbao für den 15. April. Dieser

Tag kam schneller als erwartet und wir waren froh, dass es endlich so weit war. Morgens um 5.00 Uhr standen wir auf, schulterten unsere Rucksäcke und liefen die zwei Kilometer durch das noch dunkle Albstadt-Ebingen zum Bahnhof. Der Zug kam pünktlich und wir fuhren bis Reutlingen. Dort erwartete uns mein Bruder, der es sich nicht nehmen ließ, uns mit dem Auto zum Flughafen nach Stuttgart zu bringen. Kurz vor der Ankunft überraschte er uns mit folgendem Angebot: „Also ich kann euch auch wieder zurück nach Albstadt fahren. Jetzt habt ihr noch die Chance. Das ist für mich überhaupt kein Problem. Überlegt es euch gut!". Aber für uns gab es kein Zurück mehr. Wir nahmen die Rucksäcke und verabschiedeten uns Richtung Abflugterminal. Dort mussten wir feststellen, dass Rucksäcke als Sondergepäck gelten, was für jeden 30,- Euro zusätzlich kostete.

Der Flug, der um 12.15 Uhr mit zwanzigminütiger Verspätung startete, verlief problemlos. Nur die Landung in Bilbao war extrem hart und holperig. Kein Wunder, der Flugpreis mit 80,- Euro pro Person war ja auch sehr günstig. Nachdem wir unser Gepäck abgeholt hatten, gingen wir schnurstracks zur nächsten Infostelle, wo uns gesagt wurde, dass der angefragte Bus bereits vor dem Gebäude stehe und abfahrtbereit sei. Wir hatten Glück, dass wir direkt bei der richtigen Ausgangstür waren und nur noch in den Bus einsteigen mussten, der uns in das Zentrum von Bilbao brachte. Beim dortigen Terminal lief ebenfalls alles bestens. Wir ergatterten gerade noch zwei Tickets für den letzten Bus, der an diesem Tag nach Pamplona fuhr, unserem Zwischenziel, da es keine Direktverbindung nach Saint-Jean-Pied-de-Port gab. In Pamplona mussten wir uns um eine

Übernachtungsmöglichkeit kümmern, es war bereits 18.00 Uhr und die Zeit drängte. Nachdem wir bei ein paar Mittelklassehotels erfolglos nach Zimmern gefragt hatten, wurde es uns zu dumm, der Rucksack zu schwer und so entschieden wir uns, ins nächste freie Hotel zu gehen, egal was es kosten würde. Wir entdeckten in unmittelbarer Nähe das 4-Sterne Hotel Tres Reyes, gingen zur Rezeption und checkten ein, da es noch genügend freie Zimmer gab und waren erstaunt, als wir den Preis erfuhren – er lag nur unwesentlich höher als bei den niederklassigeren Hotels.

Nun wollten wir noch etwas gegen unseren Hunger tun und marschierten in die Altstadt, um ein passendes Restaurant zu suchen. Es war Sonntag, die Gaststätten übervoll und extrem laut, somit nicht das, was wir jetzt wollten. Also kauften wir im nächsten Lebensmittelladen für unser Abendessen ein: Baguette, Käse, Schinken und zwei große Flaschen Wasser und verzehrten das Ganze in unserem Hotelzimmer – schmeckte auch gut und es war absolut ruhig. Nicht ganz so ruhig war es während der Nacht. Gegen 3.30 Uhr wurden wir durch einen Höllenlärm aufgeschreckt. Die Müllabfuhr leerte unter unserem Zimmer die Müllcontainer des Hotels und es mussten derer unendlich viele gewesen sein, nach der Dauer des Lärms zu schließen. Wir fanden nur noch schwer in den Schlaf zurück und blieben deshalb bis 9.00 Uhr liegen, da unser Bus erst um 13.30 Uhr losfuhr. Wir genossen das gute Frühstück, wohlwissend, dass es in den Unterkünften auf dem Camino oftmals keines geben würde.

Danach besuchten wir die berühmte Kathedrale und das daran angeschlossene Museum, beides unbedingt empfehlenswert. Nun wurde es langsam Zeit, zum Busbahnhof zu gehen. Aber irgendwie fanden wir diesen nicht mehr und baten deshalb einen älteren spanischen Herrn, der uns auf der Straße entgegenkam, um Auskunft. Er sprach gepflegtes Englisch und so war die Unterhaltung mit ihm kein Problem. Er sagte, dass er uns zum Busbahnhof begleiten werde, da dieser unterirdisch sei und deshalb nicht ganz leicht zu finden. Er fragte nach, wohin wir fahren wollten. Und als wir ihm den Zielort nannten, empfahl er uns, von hier aus zu starten, was ohnehin viele Pilger machen würden, denn in Pamplona beginne schließlich der eigentliche Camino Frances und wir könnten uns drei anstrengende Tagestouren ersparen. Wir wussten das, aber wir wollten den gesamten klassischen Camino vom Anfang bis zum Ende laufen. Außerdem, gab er uns zu bedenken, sei das Wetter in den vergangenen Wochen sehr schlecht gewesen, es habe viel geschneit und die Pässe seien deswegen bis dato gesperrt. Erst gestern sei eine Pilgerin, die trotzdem versucht habe, über die Pyrenäen zu laufen, abgestürzt und hätte mit einem Hubschrauber geborgen werden müssen. Wir wussten aber aus den Nachrichten, dass sich das Wetter bessern sollte und beschlossen deshalb, trotz aller Warnungen, an unseren Plänen festzuhalten. Und wenn es doch nicht gehen sollte, könnten wir ja immer noch mit dem Bus wieder zurück nach Pamplona fahren. Er verstand das und führte uns weiter.

Der freundliche Herr begleitete uns bis zum Fahrkartenschalter, stellte sich mit in die Warteschlange und blieb so lange, bis wir die Tickets in der Tasche hatten. Dann verabschiedet er sich sehr höflich und sagte, für ihn sei es eine Freude gewesen, dass er uns Pilgern habe helfen können. Wir waren berührt über so viel Hilfsbereitschaft und bedankten uns entsprechend. Eine gute halbe Stunde seiner Zeit hatte der Spanier für uns geopfert, wahrliche keine Selbstverständlichkeit. Wir erfuhren später, dass es insbesondere für ältere Spanier immer noch eine Art heilige Verpflichtung sei, Pilgern zu helfen. Ein äußerst lobenswerter Brauch, den wir sehr zu schätzen wussten.

Wir gingen zu dem Busplatz, der für Saint-Jean ausgewiesen war und trafen dort auch gleich die ersten Pilger, erkennbar an den Jakobsmuscheln, die sie an ihren Rucksäcken angebracht hatten. Es ergaben sich sofort erste Gespräche, jeder stellte sich mit dem Vornamen vor und sagte, woher er komme, bis wohin er wandern wolle und man war mit allen per Du. Uns erstaunte die große Offenheit, die von Anfang an unter den Pilgern herrschte. So gab Wolfgang aus Gütersloh an, dass er in fünf Wochen die 800 Kilometer nach Santiago laufen wolle und Carlos aus Kolumbien wollte die Strecke in 30 Tagen schaffen, da er nicht mehr Urlaub zur Verfügung hatte. Wir sagten, dass wir keiner Zeitbeschränkung unterliegen würden, aber uns vorgenommen hätten, den Camino in 40 Tagen zu je 20 Kilometer zu laufen. Dann kam auch schon der Bus, wir verstauten das Gepäck und stiegen ein. Vor dem Losfahren erklärte der Busfahrer in lautstarkem Spanisch und, damit es auch alle verstehen konnten, mit eindrucksvoller Mimik und Gestik, dass uns eine sehr kurvenreiche Fahrt von ca. zweieinhalb Stunden erwarte, auf der es manchem Fahrgast so schlecht werde, dass er sich übergeben müsse. Und um seinen schön geputzten Bus zu schonen, bot er jedem

Fahrgast eine Spezialtüte für alle Eventualitäten an. Ich lehnte, wie die meisten anderen auch, dankend ab. Elke ließ sich eine geben, für alle Fälle.

Die Fahrt war dann doch kurvenreicher als gedacht und mit den vielen Abbremsungen und Beschleunigungen nicht ganz so problemlos für die sensiblen Mägen einiger Mitreisender, so dass diese die Notbeutel ihrem eigentlichen Zweck zuführen mussten. Dadurch wurde es mir schließlich auch ganz flau im Magen und ich war froh zu wissen, dass Elke eine entsprechende Tüte parat hatte – nur für alle Fälle. Ich konnte aber das Schlimmste gerade noch verhindern. Am späten Nachmittag kamen wir endlich in Saint-Jean-Pied-de-Port an, dem Ausgangspunkt unserer Pilgerreise, ein schöner mittelalterlicher Ort, der sich an einen Osthang der Pyrenäen schmiegt. Wir mühten uns die steile Hauptstraße hinauf zur Stempelstelle, wo wir freundlich empfangen wurden. Diese wird ausschließlich von ehrenamtlichen Helfern betreut, die einen Teil ihres Urlaubs opfern, um sich um die ankommenden Pilger zu kümmern. Ein netter Holländer händigte uns einen ‚Tourenplaner' für den Camino aus und drückte uns den ersten Stempel ins Credencial, den offiziellen Pilgerausweis, den wir uns zu Hause für dreizehn Euro hatten zuschicken lassen, was völlig unnötig war, denn hier gab es ihn ohne große Formalitäten und für nur zwei Euro. Eine gewisse Freude bemächtigte sich unser, denn nun war quasi der Startschuss für unsere Wanderung gegeben. Wir fragten den Holländer, ob er uns eine Unterkunft empfehlen könne. Er entgegnete, dass ihm Empfehlungen solcher Art nicht erlaubt seien, aber er werde nebenan fragen, ob die Nachbarin noch etwas frei habe. Er ging mit uns zum Nebenhaus, öffnete die Tür und rief nach Madame Marie, einer mindestens 80 Jahre alten, aber immer noch sehr rüstigen Dame, die auch sogleich erschien und uns ein äußerst günstiges Zimmer anbot, mit Dusche und Toilette, die sich allerdings auf dem Außenbalkon befanden und auch für die Bewohner der anderen vier Zimmer zur Verfügung standen.

Unser Zimmer atmete den Charme des 19. Jahrhunderts, die Möbel waren entsprechend alt, die Matratzen wahrscheinlich ebenso. Egal, wir hatten eine Übernachtungsmöglichkeit und als Pilger sollte man nicht zu wählerisch sein. Wir legten unsere Sachen ab und gingen hinunter in das Städtchen, um uns dort etwas umzusehen und uns mit Lebensmitteln und Getränken für das Abendessen und den ersten Wandertag zu versorgen. Auf dem Balkon vor unserem Zimmer genossen wir das Abendbrot, zu dem uns Hauswirtin Marie eine ganze Flasche Rotwein spendierte, der hervorragend zum Baguette und dem französischen Käse passte, während es draußen langsam dämmerte und sich die Kälte eines Aprilabends in den Pyrenäen ausbreitete. Wir beschlossen deshalb, rechtzeitig ins Bett zu gehen, um für den nächsten Tag fit zu sein. Auf den abendlichen Duschgang verzichteten wir, weil die ‚Dusche' sich in einem halboffenen Bretterverschlag im Freien befand und die Außentemperatur nur wenig über dem Gefrierpunkt lag. Aber zum Schlafen kamen wir nicht so richtig, weil uns die Uraltmatratze immer wieder zurück in die extrem ausgelegene Kuhle zwängte, zudem alle paar Minuten einer unserer Zimmernachbarn die Toilette aufsuchte, die sich auf dem Balkon direkt neben unserem einglasigen und undichten Fenster befand, durch das man jedes Geräusch hören konnte und wir außerdem doch eine gewisse Anspannung vor dem hatten, was uns am nächsten Tag bevorstehen würde.

(Saint-Jean-Pied-de-Port, Originalgröße: 30 x 40 cm,
 Acryl)

Roncevalles - 17.4.2018

Heute geht es endlich los. Nach unserem Routenbuch steht die härteste Tagestour des gesamten Caminos an: schwarze Strecke (schwarz = schwer) mit 26 Kilometer Länge, davon 20 Kilometer nur bergauf, 8 Stunden reine Gehzeit, 1258 Höhenmeter hinauf und 482 Höhen-Meter wieder hinunter. Wir stehen um 7.00 Uhr auf und machen uns wanderfertig. Draußen ist es noch stockdunkel. Nach einem typisch französischen Frühstück mit starkem schwarzem Kaffee, Toast und Marmelade verabschieden wir uns von Madame Marie und treten frohgemut auf die Straße. Der Uhrenturm am unteren Ende der Straße schlägt 8 Uhr und wie auf Verabredung treten plötzlich aus unglaublich vielen Haustüren Pilger heraus. Im Nu befinden wir uns in einem Pulk von Wanderern, der laufend zunimmt. Alle begrüßen sich freundlich mit ‚buen camino' und marschieren gut gelaunt die Straße hinauf Richtung Honto. In mir drängt sich irgendwie der Vergleich mit dem Auszug der Israeliten aus Ägypten auf. Die Sonne bricht durch den Frühnebel und es verspricht ein strahlend schöner Tag zu werden. Gut, dass wir nicht dem Rat des freundlichen Spaniers in Pamplona, sondern unseren eigenen Vorstellungen gefolgt sind. Unterwegs erfahren wir, wieso heute so viele in Saint-Jean-Pied-de-Port gestartet sind: Es ist der erste schöne Tag nach einer wochenlangen Schlechtwetterphase mit viel Regen, Schnee und Sturm, auf den so viele hier schon sehnsüchtig gewartet haben, um endlich loslaufen zu können.

Es geht entlang der ‚Route Napoleon', wo überall gelbe Pfeile und Jakobsmuscheln auf blauem Grund ins Auge fallen, die uns den gesamten Jakobsweg als Wegzeichen begleiten werden. Nach acht Kilometern steilem Anstieg erreichen wir die erste Bar in der Auberge Orisson. Es ist bereits 10.00 Uhr und die Sonne strahlt bei frühsommerlichen Temperaturen. Wir machen eine Pause, zumal es die einzige Bar auf der heutigen Strecke ist. Ich kaufe Bier und Kaffee, wir setzen uns an einen freien Tisch und genießen das erste Vesper auf dem Camino mit herrlicher Sicht auf das Tal und Sain-Jean-Pied-de-Port.

Bis hierher verlief alles reibungslos, nur an meinen Fersen macht sich ein dumpfer Schmerz bemerkbar. Ich ziehe also meine Wanderschuhe und die Socken aus, um dem Übel auf den Grund zu gehen. Ganz erstaunt muss ich feststellen, dass sich bereits dicke Blasen an meinen beiden Fersen gebildet haben. Dabei hatte ich noch nie in dieser Hinsicht Probleme und habe beim Kauf der Trekkingschuhe auf sehr gute Qualität geachtet und sie auch eingelaufen. Glücklicherweise befinden sich in meiner Reiseapotheke Blasenpflaster, die jetzt eben zum Einsatz kommen müssen. Der Wanderpulk hat sich mittlerweile aufgelöst und einige Mitwanderer bleiben tatsächlich schon in Orisson, um dort zu übernachten. Wir wandern weiter steil bergauf und können bald die ersten Pyrenäengeier sehen, die mit ihrer bis zu zwei Meter großen Spannweite elegant über einer Felsgruppe kreisen, auf deren Spitze eine Marienstatue steht, zu deren Füße Pilger Münzen, Jakobsmuscheln und andere Andenken abgelegt haben.

Wir ziehen weiter zum Col de Lepoeder, mit 1432 Metern der höchste Punkt unserer heutigen Wanderung. Der Weg dorthin ist noch zum größten Teil mit Schnee bedeckt und nur ein kleiner Trampelpfad macht uns das Wandern möglich. Dabei haben wir gänzlich unbemerkt die Grenze zu Spanien überschritten und befinden uns in der Provinz Navarra. Bald schon geht es durch lichte Wälder, die mit unzähligen Felsbrocken durchsetzt sind, und über bunt blühende Bergwiesen hinunter ins Tal zum Kloster Roncevalles, unserem heutigen Etappenziel. Es ist ein kleiner Ort, der sich unterhalb eines großen Klosteranwesens gebildet hat, das im 12. Jahrhundert gegründet wurde und seitdem für die Unterbringung und Verpflegung der Pilger sorgt. Interessanterweise beherbergt die Abtei in der Heilig-Geist-Kapelle das ‚Silo de Carlomagno', das Beinhaus für die in diesen Mauern verstorbenen Pilger, was uns aber nicht sonderlich beunruhigt.

Im Empfangsraum des Klosters nimmt der nette ältere Herr an der Stempelstelle erstaunt zur Kenntnis, dass wir keine Schlafstelle, sondern nur einen Stempel für unser Credencial wollen. Im dortigen Refugio gibt es riesige Schlafsäle mit bis zu 200 Betten, was wir uns nicht antun wollen. Uns war von Anfang klar, dass wir nicht in Massenschlafräumen übernachten werden, weil es dort viel zu unruhig ist und man kaum zum Schlafen kommt. Für uns ist ein ungestörter Schlaf aber unabdingbar.

Wir verlassen das altehrwürdige Gemäuer wieder und gehen in das gegenüberliegende Hotel, das auch zum Kloster gehört, wo wir ein Doppelzimmer mit Bad zu einem günstigen Preis bekommen und sind froh, nun endlich unsere schweren Rucksäcke ablegen, duschen und uns ein wenig ausruhen zu können. Zu unseren täglichen Pflichten gehört es nun, die Wanderklamotten zu waschen, was wir mittels einer Waschcreme im Handwaschbecken erledigen. Glücklicherweise hat Elke ihre Brunhilde dabei, so nennt sie das ca. 4 Meter lange Gummiseil mit fest integrierten Wäscheklammern, an dem wir die Wäsche zum Trocknen aufhängen können. Das Problem dabei ist aber oft, entsprechende Vorrichtungen zu finden, wo wir das Seil mit seinen beiden Endhacken festmachen können. Für dieses Mal behelfen wir uns mit einem Fenstergriff und der Kleiderstange eines geöffneten Schrankes.

Anschließend gehen wir in das Hotelrestaurant zum Abendessen. Aber wir sind zu spät dran. Alle Plätze sind bereits von hungrigen Mitpilgern besetzt, die meisten davon vom Kloster, das selber keine Mahlzeiten anbietet. Also müssen wir umdisponieren und gehen in die daneben liegende Bar, kaufen uns dort Getränke sowie zwei Bocadillos, das sind belegte Brötchen, und verzehren diese in unserem Zimmer. Als Pilger muss man eben auch mit einer einfachen Mahlzeit zufrieden sein (aber ein anständiges Pilgermenü wäre uns doch lieber gewesen!).

Auf jeden Fall haben wir diese erste Tour gut überstanden und freuen uns auf eine ruhige Nacht und die morgige Etappe.

Zubiri / Larrasoana - 18.4.2018

Nach gut durchschlafener Nacht und ordentlichem Frühstück machen wir uns gegen 7.00 Uhr auf die zweite Etappe unseres Jakobsweges, die mit 22 Kilometer und wenigen Höhenmetern als blaue Strecke (= leicht) eingestuft ist, da sie meist sanft bergab verläuft und mit nur gut 6 ½ Stunden reiner Laufzeit angegeben wird. Draußen ist es noch dunkel, doch es kündigt sich wieder ein freundlicher Frühlingstag an. Die Vögel zelebrieren inbrünstig ihren vielstimmigen Morgengesang und wir marschieren gutgelaunt los. Es geht durch mehrere kleine Ortschaften, lichte Wälder, bunte Wiesen und tiefgrüne Felder. Unterwegs kaufen wir in einer Farmacia zwei Packungen Blasenpflaster, um für die kommenden Tage damit versorgt zu sein. Wir laufen über den Metzkiritz-Pass (940m) und den Eros-Pass (840m) und erreichen nach Überquerung einer mittelalterlichen Brücke gegen 15.00 Uhr Zubiri, unser Tagesziel, wo wir übernachten wollen. Zuerst aber gehen wir zur offiziellen Stempelstelle, die ungefähr zwei Kilometer am anderen Ende des Ortes liegt, um uns dort einen Stempel geben zu lassen. Erst anschließend kümmern wir uns um eine Übernachtung. Ein entscheidender Fehler, denn mittlerweile sind sehr viele Pilger in Zubiri angekommen und haben sich eine Unterkunft besorgt. Es waren zu viele, so dass wir keine Chance mehr haben, eine Übernachtungsmöglichkeit zu bekommen. Wo wir auch nachfragen, überall werden wir abgewiesen.

Wir müssen in den sauren Apfel beißen und noch weitere fünf Kilometer bis zum nächsten Ort gehen in der Hoffnung, dort ein Zimmer zu finden. Doch die Luft ist irgendwie raus und diese zusätzlichen Kilometer ziehen sich ewig. Endlich kommen wir in Larrasoana an und entdecken auch alsbald ein Hotel, aber auch dieses ist schon ausgebucht. Nach mehreren weiteren Fehlversuchen sehen wir uns schon irgendwo auf einer Bank übernachten, als wir in einem abseits liegenden kleinen Hostal doch noch eine Übernachtungsmöglichkeit bekommen. Der junge Mann an der Rezeption fragt als erstes nach, ob wir vorbestellt haben, was wir verneinen. „Dann", sagt er mit einem Achselzucken, "kann ich ihnen nur noch ein Dachzimmer anbieten, das allerdings kein eigenes Bad hat". Das ist uns in diesem Augenblick egal, wir sind froh, endlich was gefunden zu haben und ausruhen zu können und steigen die Treppen bis zum Dach hinauf. Dort landen wir schließlich in einem kleinen Zimmer, das in die Dachschräge hineingebaut worden ist. An den beiden gegenüberliegenden Wänden stehen die Betten, sonst gibt es nichts. Wir legen unsere Sachen auf den Boden, duschen und erledigen die Wäsche, denn noch haben wir das Bad für uns alleine. Meine Blasen haben sich deutlich vergrößert und jetzt muss mir Elke schon die großen Blasenpflaster draufmachen. Auch meine Zehen sind blutig, irgendetwas scheint mit meinen Schuhen nicht zu stimmen. Und meine Schultern fangen auch noch an, sich schmerzhaft bemerkbar zu machen. Gut, dass wir für diesen Fall ein Schmerzgel mitgenommen haben, so dass ich damit Abhilfe schaffen kann. Es gehört von nun an zu meinem morgendlichen und abendlichen Ritual: Fersenblasen versorgen und Schultern einreiben. Aber solange nichts Schlimmeres kommt, kann man damit leben.

Wir müssen noch an die morgige Tour denken und Lebensmittel einkaufen. So gehen wir in die Ortschaft auf der Suche nach einem Lebensmittelgeschäft und finden bald einen kleinen Supermarkt, wo wir das Gewünschte bekommen.

In unserem Hostal haben wir das Abendessen mitgebucht. Die Hauswirtin kocht selber und versammelt alle Gäste, es sind insgesamt sechs Personen, um den Wohnzimmertisch, wo sie uns ein gutes Dreigängemenü mit regionalen Spezialitäten serviert, dazu gibt es Wasser und Wein, soviel man möchte. Man stellt sich gegenseitig vor und es entwickelt sich ein lebhaftes Gespräch. Mit uns am Tisch sitzen Louis, 40 Jahre, seine Mutter, sie kommen aus Argentinien, Steve aus England, 55 Jahre alt und Saskia, Anfang 50, aus Osnabrück. Wir fragen unsere Tischgenossen, wann und wie sie die Zimmer vorbestellt haben, da wir in Zukunft diese lästige Suche nach einer Unterkunft vermeiden wollen. Steve sagt, dass er alle Unterkünfte bis Santiago schon bei Reisebeginn gebucht habe, die anderen geben an, dass sie jeweils ein paar Tage im Voraus die Zimmer per Handy vorbestellen. So machen wir es nun auch und buchen über ein Hotelportal für die nächsten Tage die Unterkünfte, stellen dabei allerdings fest, dass in einigen Orten, an denen wir eigentlich übernachten wollten, schon alles belegt ist. So müssen wir unsere Planungen über den Haufen werfen, insbesondere die Vorstellung, so lange laufen zu können, wie es uns Spaß macht, um erst dann nach einem Zimmer zu suchen. Diese

Zeiten sind im Zuge der stark gestiegenen Anzahl der Pilger auf dem Jakobsweg vorbei. Wir müssen nun die Tagesetappen danach ausrichten, wo wir noch eine Unterkunft finden und vorbestellen können, so dass sich völlig unterschiedliche Tagesstrecken ergeben, die zwischen 15 und 30 Kilometer lang sind. Als auch das immer schwieriger wird, gehen wir dazu über, für eine ganze Woche vorzubuchen. Das ist nun eben nicht das, was ein freies und unabhängiges Pilgerherz sich wünscht, aber eben ein notwendiges Zugeständnis an die bestehenden Verhältnisse auf dem Camino de Santiago. Wir haben danach des Öfteren erlebt, dass völlig erschöpfte Pilger am Ende ihrer Tagesroute keine Unterkunft mehr bekamen, weil sie nicht vorbestellt hatten, und sich noch mühsam zur Suche nach einer Bettstelle aufraffen mussten. Wir hörten auch von einer Pilgerin, die kein Zimmer mehr gefunden hatte, und in ihrer Not auf einer Parkbank übernachten wollte. Eine Polizeistreife habe sie dort weinend und völlig übermüdet vorgefunden und ihr erlaubt, in der Polizeiwache auf einer Pritsche zu übernachten.

Für den kommenden Tag brauchen wir uns keine Sorgen zu machen, da die hilfsbereite Wirtin für uns in Pamplona ein schönes Zimmer in einem guten und preiswerten Hotel buchen will, das einer guten Bekannten von ihr gehöre, sagt sie.

Pamplona / Iruna - 19.4.2018

Nach ruhiger Nacht und schnellem spanischem Frühstück, Kaffee mit Toast und Marmelade, wandern wir um 7.45 Uhr los. Die Sonne geht gerade auf und es scheint wieder ein strahlend schöner Apriltag zu werden. Da wir gestern schon 5 Kilometer unserer für heute geplanten Tour hinter uns gebracht haben, können wir es mit den 16 Kilometern, die noch vor uns liegen, ruhig angehen lassen.

Vor einer sehr schönen Brücke, die nach Villava hineinführt, machen wir nach gut 2 ½ Stunden Wanderung eine erste Pause. Meine Schultern haben wieder angefangen, sich unangenehm bemerkbar zu machen, so dass ich die Gelegenheit wahrnehme, mit entsprechenden Dehnungsübungen dagegen anzugehen. In dem Städtchen treffen wir Donald aus Australien, Anfang zwanzig, mindestens 1,90 Meter groß, blonde Haare, braungebranntes Gesicht, der uns bis Pamplona begleiten wird. Er erzählt uns, dass er fast das ganze Jahr unterwegs sein will. Fünf Monate hat er auf einem Kreuzfahrtschiff gearbeitet, um sich das Geld zu verdienen, das er braucht, um den Rest des Jahres reisen zu können. Jetzt laufe er erst mal den Camino, anschließend will er nach Ägypten, von dort aus nach Israel und dann noch in die Türkei. Auf meine Frage, wann er dann mal wieder nach Hause gehen wolle, antwortet er mit einem Schmunzeln: „Vielleicht nächstes Jahr im April oder auch erst im Herbst." „Sorglose Jugend, beneidenswert", antworte ich.

Um die Mittagszeit laufen wir schon in Pamplona ein, von den Basken Iruna genannt. Sie war ehemals Hauptstadt des alten Königreichs Navarra und 2016 Kulturhauptstadt Europas. Mit ihren rund 200 000 Einwohnern ist Pamplona eine der wirtschaftlich erfolgreichsten Städte Spaniens. Sie hat eine wunderschöne historische Altstadt, durch deren engen Gassen jedes Jahr Anfang Juli während der Festwoche ‚Sanfermines' Kampfstiere getrieben werden, von vielen Tausenden Besuchern aus aller Welt hinter sicheren Schutzzäunen bestaunt, wobei es immer eine ganze Anzahl verrückter Heißsporne gibt, die vor den Stieren herrennen, um ihren Mut zu beweisen. Dass dabei immer wieder solche Übermütigen von den Stieren verletzt oder niedergetrampelt werden, scheint den Nervenkitzel dieser Läufer nur noch anzuregen. Nachdem wir Donald zu seiner Albergue, die direkt neben der Kathedrale liegt, gebracht haben, suchen wir das ‚schöne' Hotel auf, das unsere Wirtin von gestern für uns vorgebucht hat. Es ist von außen betrachtet nicht allzu übel, aber unser Zimmer ist eine Katastrophe. Es hat zwar ein kleines Fenster, das sich aber keine 50 Zentimeter vor einer riesigen Betonmauer befindet, so dass keine Frischluft, geschweige denn Sonnenlicht durchdringen kann. Wir unterdrücken unseren aufkommenden Groll mit dem tröstlichen Gedanken, dass es nur für eine Nacht ist und das Zimmer sich sonst in einem einigermaßen annehmbaren Zustand befindet. Wir duschen erst mal und machen die Wäsche. Dabei stelle ich fest, dass meine Fersenblasen sich weiter verschlimmert haben und selbst die größten Blasenpflaster nicht mehr zur Abdeckung der Wunden ausreichen. Meine beiden mittleren Zehen haben auch noch angefangen zu bluten und bereits die Wandersocken durchnässt. Auch bei Elke hat eine Zehe des linken Fußes angefangen zu bluten. Irgendwas kann also nicht stimmen. Es muss ein Problem sein, das uns beide gleichermaßen betrifft. Und wir kommen relativ rasch darauf: Es sind die Carbon-Einlegesohlen, die unser Wanderführer als Expertentipp für unbedingt empfehlenswert angepriesen hatte. Das ist definitiv falsch und wir müssen es nun schmerzhaft ausbaden und entsorgen diese Sohlen auf der Stelle im Abfalleimer. Und in den kommenden Tagen sollte sich das als die einzig richtige Entscheidung herausstellen, denn unsere Füße erholen sich zusehends und machen uns in dieser Hinsicht keine Schwierigkeiten mehr. Schlussfolgerung: Vertraue keinem Expertentipp, den du nicht vorher selber getestet hast!

Wir verdrücken uns aus dem mufflig-dunklen Zimmer. Draußen scheint warm die Sonne und wir gehen in die Stadt, um den Stempel für unser Credencial zu holen und ein ruhiges und sonniges Plätzchen zum Kaffeetrinken zu suchen. Auf dem Weg dorthin kaufen wir in einer Farmacia weitere Blasenpflaster und in einem Sportgeschäft Wandersocken, da ich mein erstes Paar schon durchgelaufen habe. An der Plaza Mayor, direkt vor dem Rathaus, setzen wir uns auf die Außenterrasse einer Bar und bestellen Kaffee, Bier und zwei große Sandwiches. Saskia, die ihr dunkelblondes Haar immer mit einem Tuch umwickelt hat, kommt strahlend heran und setzt sich zu uns. Bei unserem Gespräch kommt die Frage auf, wieso sie sich zum Pilgern entschlossen habe. Ihre Antwort: „Ich brauche mal Abstand von meiner Familie, um mich wieder selber finden zu können!"

Elke und ich schlendern noch bis zum Abend durch die schöne Altstadt und gönnen uns zwischendurch ein großes Eis. Auf dem Weg zurück ins Hotel fällt mir nicht mehr ein, wo ich die Schlüsselkarte, eine dieser modernen Einsteckkarten, hingetan habe. Ich durchsuche alle meine Taschen, aber nichts zu machen, ich kann sie nirgends finden. An der Rezeption angekommen, durchwühle ich nochmal alles, weil ich mir gar nicht vorstelle kann, dass ich sie verloren habe, Elke dagegen schon. Ich erkläre dem Mann hinter dem Hoteltresen mein Malheur. Er bleibt aber ganz entspannt und beruhigt mich mit den Worten: „Das ist normal und kommt bei uns jeden Tag vor" und stellt mir eine neue Schlüsselkarte aus.

Da wir ja schon zwei große Bocadillos verzehrt haben, genügen uns zum Abendessen Getränke und eine Packung Erdnüsse. Wir machen noch, wie jeden Abend, Einträge in unsere Tagebücher, versorgen die wunden Stellen und machen gegen 22.00 Uhr das Licht aus, um für den kommenden Tag ausgeruht zu sein.

Puente la Reina - 20.4.2018

Nach gut durchgeschlafener Nacht wandern wir gegen 7.30 Uhr los. Die Wanderschuhe fühlen sich ohne die Einlegesohlen viel luftiger an und so marschieren wir gut gelaunt durch den riesigen ‚Parc de Zitadelle' in Richtung westlicher Stadtausgang. Nachdem wir die ganzen Wohnviertel am Stadtrand von Pamplona hinter uns gelassen und viele Kilometer entlang einer lauten und vielbefahrenen Straße gelaufen sind, kommen wir endlich wieder in eine ländliche Gegend. Durch blühende Wiesenflächen und gradlinig durchfurchte braune Ackerflächen geht es über zwei Stunden hinauf zum Fuente de la Reniega. Der ganze Bergkamm, mehrere hundert Meter breit, ist mit Windrädern voll bestückt, die zu einem neuen Wahrzeichen von Navarra geworden sind. Diese Anhöhe ist die Wetterscheide Nordspaniens. Dort oben bläst meist ein scharfer Westwind, bestens geeignet zur Energiegewinnung, wobei das herrliche Landschaftsbild durch die vielen hochaufragenden Windräder nicht gerade verbessert wird. War es bisher windstill und relativ warm, so pfeift uns nun ein straffer Wind ins Gesicht und drückt die Temperatur spürbar nach unten. Auf der Passhöhe steht auch das ‚Monumento al Peregrino', eine in Lebensgröße aus Stahl herausgeschnittene Pilgergruppe samt Eseln und Pferden.

Ab jetzt geht der Weg steil abwärts durch viel Geröll und unwegsames Gelände. Nachdem wir den Abstieg geschafft haben, kommen wir in Uterga, am Fuß des Gebirgskammes liegend, an eine Bar und treffen dort auf Steve und Saskia, die bereits ihren ersten Durst mit einem großen Bier gelöscht haben. Wir setzen uns zu ihnen und Steve ordert eine Runde Bier für alle. Saskia will schon früher aufbrechen und so wandern wir mit Steve allein weiter. Er ist mit seiner Größe von über 1,90 Meter ein Mann wie ein Baum und sieht mit seinen rötlich-blonden Haaren eher aus wie ein waschechter Bayer. Steve gehört zu den Pilgern mit der besten Ausrüstung. Selbstverständlich hat er GPS, das ihm haargenau die Anweisungen gibt, wie er auf dem Camino laufen muss. Außerdem hat er unter anderem einen Gaskocher, mehrere Gaskartuschen und über einhundert Teebeutel bei sich, um sich mehrmals täglich seine ‚teatime' gönnen zu können. Kein Wunder, dass sein Rucksack gut 20 kg wiegt. Er habe, sagt er, die Camino-Wanderung zu seinem 55. Geburtstag von seiner Familie geschenkt bekommen. Der ganze Jakobsweg sei von ihr durchgeplant und alle Unterkünfte vorgebucht worden. In 32 Etappen soll er die ganze Strecke bis Santiago d. C. laufen, das sind Tagestouren von durchschnittlich 28 Kilometer, manche über 40 Kilometer lang. Er ist bereits in Rente, weil er als ehemaliger Feuerwehrkommandant seinen aktiven Dienst beenden musste.

Deshalb habe er nun genügend Zeit, so erklärt er, um sich ehrenamtlichen Aufgaben zu widmen. Er nutzt sie vor allem, um aus ganz England ausgemusterte Feuerwehrautos samt Gerätschaften und Feuerwehruniformen zu sammeln, die dann in die ärmeren Länder Südosteuropas transferiert werden, vor allem nach Rumänien und Bulgarien, wo man sie dringend benötige. Er selber bringt dabei mit anderen Feuerwehr-Rentnern die vollbeladenen Feuerwehrautos in einem großen Konvoi dorthin. Für diese selbstlose und mit viel Aufwand verbundenen Arbeit wird ihm im Sommer 2018 eine besondere Ehre zuteil: Er ist von der Queen zu ihrer Geburtstagsparty eingeladen worden. Auch auf dem Camino verhält er sich wie ein wahrer Gentleman, weshalb wir ihn bald ‚angel of the camino' nennen.

Steve fragt uns, ob wir einen besonderen Grund hätten, den Camino zu laufen. Elke erzählt ihm, dass wir ihn aus Dankbarkeit gehen. Vor genau 15 Jahren wollte sie schon mal auf den Jakobsweg, doch ein schwerer Unfall hat es verhindert. Sie brauchte Jahre, um sich wieder einigermaßen in eine Art normales Leben zurück zu kämpfen. An eine Rückkehr zu ihrer Arbeit bei der Militärseelsorge war nicht mehr zu denken. Zum Trost brachte ihr eine Freundin, die damals eine Busreise entlang des Jakobswegs gemacht hatte, eine Jakobsmuschel mit. Und sie hat sich damals vorgenommen und versprochen, den Camino mit eben dieser Muschel zu laufen, sobald sie gesundheitlich dazu in der Lage sei und dabei auch Eunate zu besuchen, die Kirche, von der ihre Freundin so begeistert gewesen war. Und deshalb, so schließt sie ihre Ausführungen, wollen wir den Umweg nach ‚Eunate' gehen. Steve entscheidet daraufhin spontan, sich uns anzuschließen. Er berichtet uns, dass er unlängst in der BBC einen Film über diese weltbekannte Kirche gesehen habe. Es sei, so die Dokumentation, in alten Zeiten heiliger Brauch gewesen, dieses Gotteshaus dreimal barfuß zu umrunden und dabei das ‚Vater-unser' zu beten, bevor man die Kirche betreten habe. Wir beschließen, dieser alten Tradition zu folgen. Nach gut einer Stunde Fußmarsch durch üppige Wiesenlandschaften und Weizenfelder erreichen wir die Ermita de Nostra Senora de Eunate. Der Ursprung dieser romanischen Kirche liegt im Dunkeln. Wegen ihrer achteckigen Bauweise wird sie mit den Templern in Verbindung gebracht. Wir befolgen den alten Pilgerbrauch und laufen dreimal barfuß um die Ermita, wobei man bedenken muss, dass der umlaufende Weg mit Kieselsteinen gepflastert ist, deren spitze Seiten nach oben zeigen, so dass das Barfußlaufen noch eine zusätzliche spürbare Komponente bekommt. Man gewöhnt sich aber überraschend schnell daran und durch das ständige Wiederholen des ‚Vater-unser‘ versinkt man bald in eine Art meditatives Gehen. Mir kommen dabei viele Situationen meines Lebens in den Sinn, die für mich problematisch und belastend waren, nun aber im Verlauf unserer bisherigen Pilgerwanderung sanft in den Nebel der Bedeutungslosigkeit entschwunden sind. So macht dieser uralte Brauch doch Sinn.

Nachdem wir die Schuhe wieder angezogen haben, betreten wir die Ermita. Durch ihre Schlichtheit und die besondere Atmosphäre strahlt die kleine Kirche eine ungeheure Ruhe aus, die mich ergreift. Verstärkt wird dieser Eindruck dadurch, dass wir uns ganz allein in diesem Raum befinden und deshalb durch nichts gestört werden. Wir setzen uns in eine der Bänke, um uns ganz dieser Abgeschiedenheit hingeben zu können. In mir steigt dabei langsam ein immer stärker werdendes Gefühl einer tiefen Zufriedenheit und Dankbarkeit auf, wie ich es zuvor wahrscheinlich noch nie in dieser Intensität gespürt habe.

Auch Elke und Steve berichten später, dass es ihnen genauso ergangen sei. Mag sein, dass man das als die Kraft versteht, die viele an solchen besonderen Orten zu spüren meinen.

Steve schenkt Elke nach dieser gemeinsamen spirituellen Erfahrung einen Rosenkranz, den er von England mitgebracht hat, und überreicht ihn ihr mit den Worten: „Ich habe mir vorgenommen, diesen Rosenkranz nur einer ganz besonderen Person zu schenken, die ich auf dem Camino treffen werde." Elke ist tief gerührt. Wir verlassen Eunate und laufen schweigend weiter. Jeder von uns ist mit der Verarbeitung des eben Erlebten beschäftigt. Nach einer guten Stunde erreichen wir Puenta la Reina, um dort zu übernachten. Am Anfang des Ortes verabschieden wir uns herzlich voneinander, weil Steve eine andere Unterkunft gebucht hat, und versprechen, uns wiederzusehen.

Kurz vor Puenta la Reina treffen der Navarrische und der Aragonische Camino aufeinander und vereinigen sich zum Camino Frances. Die Zahl der Pilger ist entsprechend groß und der Ort deshalb unterkunftsmäßig voll ausgelastet. Als wir unsere Buchung vornehmen wollten, waren alle Pensionen und Hostals schon belegt und so mussten wir mit einer Albergue vorlieb nehmen, wo wir aber wenigstens eines der wenigen Doppelzimmer ergattern konnten. Wir sind angenehm überrascht, dass wir dort ein zwar kleines, aber helles und sauberes Zimmer zugeteilt bekommen, allerdings ohne eigenes Bad. Unser Zimmer liegt genau gegenüber den Etagenduschen und -toiletten, was sich aber nicht als Vorteil herausstellen sollte.

Zunächst machen wir uns frisch, erledigen das Waschprogramm und gehen dann in das Städtchen, um Lebensmittelvorräte für den kommenden Tag zu besorgen. Auf dem Nachhauseweg treffen wir, gemütlich in der Abendsonne auf der Terrasse eines Restaurants sitzend,

Saskia und Wolfgang aus Gütersloh, der uns schon vom Busbahnhof in Pamplona her bekannt ist. Er ist ein braunhaariger Mittvierziger und allein auf Pilgertour. Wir gesellen uns zu ihnen und bestellen ein Pilgermenü. Es wird ein fröhlicher Abend, beflügelt durch einen vollmundigen Rioja-Rotwein. Darüber vergessen wir fast die Zeit und stellen mit Erschrecken fest, dass es kurz vor 22.00 Uhr ist, wohlwissend, dass um diese Zeit die spanischen Albergues schließen. Wer da zu spät kommt, hat eben Pech und muss schauen, wo er übernachten kann. Hastig zahlen wir, verabschieden uns, rennen im Laufschritt zu unserer Unterkunft und schaffen es gerade noch, mit dem Glockenschlag, in die Albergue zu kommen. Nochmal Pilger-Glück gehabt!

(Fuente de la Reina, Originalgröße: 30 x 40 cm, Acryl)

Estella - 21.4.2018

Eine sehr unruhige Nacht liegt hinter uns. Ständig musste jemand auf die Toilette, jedes Mal verbunden mit lautem Türenschlagen. Und immer schien die Wasserspülung zu klemmen und wir hatten das ungute Gefühl, direkt unter dem Spülkasten zu liegen, weil das Wasser in einer solchen Lautstärke herausschoss, dass uns die Ohren dröhnten. Völlig gerädert stehen wir auf, packen unsere Sachen und gehen in den Frühstücksraum.

Dort stapelt sich schon das schmutzige Geschirr auf den Tischen. Wir suchen uns ein halbwegs sauberes Plätzchen und holen das schlichte Frühstück aus der Küche. Dabei kommt uns der völlig verkatert aussehende Donald aus Australien entgegen. Er hatte vergangene Nacht irgendwo bei einer Party mitgefeiert und war nun kaum ansprechbar. Junge Globetrotter müssen eben erst noch ihre Erfahrungen sammeln.

Um 8.00 Uhr geht es los, in einen strahlend schönen Morgen hinein. Das gleichmäßige Gehen vertreibt schnell die müden Gedanken und wir bringen den 6 Kilometer langen Anstieg nach Cirauqui relativ rasch hinter uns. Oben erreichen wir den ‚Le jardin des olives', einen romantischen Platz in einem Olivenhain mit vielen bequemen Sitzgelegenheiten zwischen schattenspendenden Bäumen. Obst und Getränke stehen für den durstigen und hungrigen Wanderer bereit, der sich für eine ‚donativo' (Spende) bedienen kann. Wir nehmen das Angebot gerne wahr und machen in dem schönen Grundstück eine Pause. Saskia kommt auch gerade des Weges und setzt sich zu uns.

Nach weiteren 5 Kilometern angenehmer Wanderung treffen wir in Lorca am Dorfbrunnen Steve, der sich dort gerade sein Teewasser holt. Bei der gemeinsamen Pause sprechen wir über unsere heutigen Erlebnisse. Die letzten 10 Kilometer bis Estella sind ebenfalls bequem zu laufen. Kurz davor begegnen wir abermals Steve und gehen gemeinsam in eine Bar, die schön am Ufer des Rio Ega liegt, um die heutige Tour mit einem großen Glas Bier zu beenden. Steve bezahlt eine Runde und danach lasse ich eine zweite folgen, man will sich ja schließlich nicht lumpen lassen. Aber Steve setzt noch eine obendrauf. Nach drei Gläsern Bier ist bei Elke und mir der Rand voll, nur Steve holt sich noch einen Nachschlag. Nicht umsonst gelten Engländer als äußerst trinkfest. Wir verabschieden uns und gehen über eine mittelalterliche Brücke in das Städtchen hinein.

Da kommt es mir in den Sinn, von der Brücke aus ein Foto von der schönen Häuserfront am Fluss zu machen. Ich lehne also meine beiden Wanderstöcke gegen das Brückengeländer, um die Hände frei zu haben. Dabei sehe ich, wie einer meiner Stöcke einfach durch das offene Geländer in den reißenden Fluss hinunterfällt. Verdattert schaue ich nach unten, der teure Stock einfach so weg, ich kann es nicht fassen. Doch zu meinem großen Erstaunen liegt er auf einem kleinen Vorsprung, unmittelbar über dem Fluss, was für ein wahnsinniges Glück. Ich muss nur den steilen Uferabhang hinunterklettern, um ihn zu holen. Erleichtert suchen wir unser Hotel und sind froh, in keiner Albergue übernachten zu müssen und unser eigenes

Badezimmer zu haben. Danach gönnen wir uns noch ein Pilgermenü bei einem Italiener.

Los Arcos - 22.4.2018

Endlich wieder eine ruhige Nacht ohne Störungen. Nach gutem Frühstück laufen wir um 7.30 Uhr los in einen wiederum herrlichen Frühlingstag hinein. Bald kommen wir an die Monasterio de Irache, eine riesige Klosteranlage aus dem frühen 10. Jahrhundert. Gegenüber liegt das Weingut Bodegas de Irache, das wegen seines Weinbrunnens bekannt ist, aus dem täglich 300 Liter guter Rotwein fließen, den sich durstige Pilger kostenlos abzapfen können. Als wir dort ankommen, befindet sich gerade eine texanische Busgruppe mit mehr als zwanzig Personen an dem Brunnen und füllt mit großem Gelächter und Geschrei literweise Wein in mitgebrachten Flaschen ab. Wegen solcher Buspilger ist der Weinbrunnen meist schon ab der Mittagszeit leer und die später eintreffenden Wanderpilger, für die diese Wohltat eigentlich gedacht ist, gehen dann leer aus. Wir haben Glück, da es noch früher Vormittag ist, ärgern uns aber trotzdem über die Gruppe, weil sie ewig lang den Brunnen belagert.

Wir müssen öfter Pause machen, da Elke einen kräftemäßigen Einbruch hat. „Heute ist nicht mein Tag", sagt sie, weil sie nun auch zum ersten Mal so richtig das Gewicht ihres Rucksacks spürt und ihr Rücken zu schmerzen anfängt. Nach einem endlos langen Weg durch Wiesen, Wein- und Weizenfelder, vorbei an dem bekannten gotischen Brunnenhaus, Fuente de los Moros' (Maurenbrunnen) und dem malerisch am Hang des fast 900 Meter hohen Monjardin gelegenen Ortes Villamayor de Monjardin , der von einer uralten Burgruine überragt wird, erreichen wir gegen 15.00 Uhr unseren heutigen Zielort Los Arcos. Es ist ein mittelalterliches Städtchen mit schön erhaltenem Marktplatz, dominiert von der prächtigen Iglesia Santa Maria, die aus dem 12. Jahrhundert stammt. Im Inneren der Kirche befindet sich über dem Hauptaltar eine Marienstatue, die nur ein einziges Mal im Jahr von der Sonne angestrahlt wird und zwar bei der Sommersonnenwende.

Nach einer Kaffeepause am Marktbrunnen suchen wir unsere Pension. Ein äußerst höflicher junger Mann an der Rezeption begrüßt und führt uns in ein sehr sauberes und helles Zimmer mit Bad und überrascht uns mit dem Angebot, die Schmutzwäsche in der hauseigenen Waschmaschine zu waschen und sie uns anschließend wieder zu bringen. Das ist mal ein toller Service, der viel zu selten in den Unterkünften auf dem Camino angeboten wird. Die gewaschenen Sachen bringen wir zum Aufhängen in den Garten, wo Wäscheleinen aufgespannt sind. Auch das gibt es leider längst nicht überall. Dort treffen wir Pilger aus Texas, John Birkenhauer und seine Frau Kim. Beide sind Mitte 50 und auch schon im Ruhestand, weil sie bei der US-Militärpolizei gedient haben. John war mehrere Jahre in Mannheim stationiert und spricht deshalb noch gebrochen Deutsch. Sehr stolz ist er auf seine deutsche Herkunft und berichtet uns, dass seine Großeltern aus Heidelberg ausgewandert seien.

Logrono - 23.4.2018

Inzwischen hat sich bei uns eine Art typischer Pilgeralltag eingebürgert: Zwischen 6.00 und 7.00 Uhr, je nach geplanter Wanderstrecke, stehen wir in der Regel auf, frühstücken in der Unterkunft oder der nächstgelegenen Bar und gehen danach auf die Strecke. In den ersten beiden Stunden geben wir richtig Dampf, um möglichst zwischen 9 und 10 Kilometer zu schaffen. Dann gönnen wir uns eine erste Pause, meist mit Tee und einem kleinen Imbiss. Danach lassen wir es etwas gemütlicher angehen und versuchen, bis zur Mittagszeit den größten Teil der Tagesstrecke hinter uns zu bringen. In der Mittagspause genehmigen wir uns ein großes alkoholfreies Bier, Kaffee und Bocadillos. Nachmittags laufen wir nur noch eine Stunde am Stück und suchen dann die nächste Bar auf, weil die Kräfte ganz einfach nachlassen und der Rücken sich immer mehr bemerkbar macht. Das mit den Bars klappt aber oft nicht so wie erhofft, sodass wir genügend Getränke bei uns haben müssen, um den Flüssigkeitsverlust immer wieder ausgleichen zu können.

Am späteren Nachmittag erreichen wir meist unser Tagesziel, checken ein, erledigen unsere Wäsche, duschen, ruhen uns kurz aus und machen Kaffeepause. Danach muss der Proviant für den nächsten Tag eingekauft werden. Anschließend wird es Zeit für das Abendessen, das ab 19.00 Uhr angeboten wird.

Normalerweise nehmen wir ein Pilgermenü, das in der Regel zwischen 9,- und 12,- Euro kostet und aus drei Gängen besteht. Als Vorspeise (primero) gibt es meist Salat, Suppe oder Spaghetti Bolognese. Für den Hauptgang (secundo) stehen oft Schweinefleisch, Hähnchen oder Fisch mit einer Beilage (Pommes, Kartoffeln, Reis oder Nudeln) auf der Speisekarte und als Nachtisch kann man in der Regel zwischen Flan (Schokopudding), Obst, Eis oder Espresso wählen. Dazu wird eine Flasche Hauswein, Wasser und Brot serviert. Für diesen Preis also ein reichhaltiges und günstiges Abendessen.

Heute gehen wir nach ruhiger Nacht zum Frühstücken in eine nahegelegene Bäckerei. Der Bäcker ist gerade beim Zeitunglesen, als wir eintreten. Er blickt mürrisch auf, ohne unseren Guten-Morgen-Gruß zu erwidern, nimmt missmutig die Bestellung entgegen, lässt sich ausgiebig mit der Zubereitung Zeit und schiebt dann mit gelangweilter Miene Brötchen und Tee über den Tresen. Wir sind die einzigen Gäste und eigentlich könnte sich der Bäcker ja freuen, wenigsten einen kleinen Umsatz zu machen. Aber ihm scheint seine Morgenlektüre wichtiger zu sein und so fragt er auch nicht nach, ob wir noch irgendwas bestellen wollen. Wir bezahlen und verlassen das ungastliche Haus.

Auf dem Weg nach Viana, dem letzten Städtchen in Navarra, durch das wir kommen, begegnen wir Lee aus Südkorea. Wie all seine anderen Landsleute ist er ganz eingehüllt. Sein Gesicht ist mit einem schwarzen Seidenschal vollständig abgedeckt, er trägt Handschuhe und einen schwarzen Tellerhut mit extrem breiter Krempe. Koreaner fürchten die Sonne wie die Pest, weil es für sie als äußerst unschick gilt, braun zu sein. Wir kommen ins Gespräch und Lee will ein Foto von uns aufnehmen. Auch wir fotografieren ihn und bitten ihn, von uns ebenfalls ein Bild mit meinem Handy zu machen. Er nimmt es und lässt sich die Camerafunktion erklären. Bei der Aufnahme des Bildes verhält er sich aber so ungeschickt, dass ihm das Gerät aus der Hand fällt. Erschrocken hebt er es auf, drückt es mir eiligst in die Hand, verabschiedet sich im Umdrehen und verschwindet, so schnell er kann. Ich begutachte mein Handy, das zwar einige Schrammen aufweist, aber sonst in Ordnung ist. Es tut mir nur leid, dass Lee sich nun anscheinend mit einem schlechten Gewissen herumplagt.

In der mittelalterlich geprägten und wuseligen Stadt Viana machen wir genau gegenüber der mächtigen romanisch-gotischen Kirche Santa Maria vor einer Bar Rast. Ich bestelle, weil es schon Mittagszeit ist, zwei Kaffee und zwei Bier an der Theke und bezahle mit einem 50-Euro-Schein. Die Dame hinter dem Tresen gibt mir aber das wenige Restgeld auf 10,- Euro zurück. Ich sage ihr höflich, dass ich ihr einen 50-Euro-Schein gegeben habe, sie entgegnet in gespielt höflicher Art, dass es nur 10,- gewesen wären. Ich werde langsam ärgerlich über diese Unverfrorenheit und wechsle vom Spanischen ins Englische und wiederhole mein Anliegen in schärferer Form. Jetzt scheint es ihr langsam zu dämmern, dass ich es ernst meine und legt mir widerwillig die restlichen 40,- Euro auf den Tisch. Elke will sich noch ein Eis nebenan in einem Laden kaufen. Sie holt sich eines aus der Kühltruhe, wartet an der Kasse, bis sie an der Reihe ist und will bezahlen. Doch genau in dem Augenblick betritt eine Spanierin das Geschäft. Die Verkäuferin wendet sich sofort ihr zu, bedient sie und lässt Elke einfach stehen. Als sich das mehrfach wiederholt, hat Elke genug, legt das Eis auf den

Ladentisch und geht. Jetzt erst will die Verkäuferin sie bedienen. Doch Elke verlässt unbeirrt das Geschäft, während ihr die Verkäuferin auf Deutsch ein zweideutiges ‚Auf Wiedersehen‘ hinterherruft. Heute scheint in Viana eindeutig nicht der ‚Tag der Pilger‘ zu sein.

Wir sind jetzt auf dem Weg nach Logrono, haben unbemerkt die Grenze von Navarra überschritten und befinden uns nun in Castilla y Leon. Am frühen Nachmittag treffen wir schon in Logrono, unserem heutigen Ziel, ein. Logrono ist mit seinen 120.000 Einwohnern das wirtschaftliche Zentrum des Weinanbaugebietes Rioja. Es ist eine pulsierende Universitätsstadt und gehörte zu den herausragenden Orten des mittelalterlichen Caminos, wovon ihre vielen großartigen Kirchenbauten bis heute zeugen.

Um zum Tourismusbüro zu gelangen, wo wir uns einen Stadtplan besorgen und nach unserem Hotel fragen wollen, müssen wir ans andere Ende der Stadt laufen. Dort erfahren wir, dass wir die ganze Strecke wieder zurückmüssen, da unsere Unterkunft genau dort liegt, wo wir die Stadt betreten haben. Runde 5 Kilometer umsonst gelaufen! Wenigstens haben wir uns so einen Überblick über die schöne Stadt verschafft.

Das Hotel ist relativ neu, mit sehr komfortablen Zimmern, liegt aber genau an der Hauptdurchgangsstraße. Das wird wieder eine laute Nacht werden. Unser Bad verfügt über eine Badewanne und so lassen wir heißes Wasser einlaufen – ein wahrer Genuss nach einem solchen Wandertag. Steve hat eine Nachricht auf mein Handy geschickt und wir freuen uns, dass er sich auch in Logrono befindet und verabreden uns mit ihm für den Abend. Wir treffen ihn vor einer der vielen Kirchen der Stadt und gehen in eine Bar. An der einen Wand dröhnt einer der permanent laufenden Riesenbildschirme, ebenso an der anderen. Die Spanier lieben es anscheinend, andauernd derart berieselt zu werden. Man kann diesen meist überlauten Medienkeulen in keiner Gaststätte entrinnen. Wir finden einen Tisch, der lautstärkemäßig einigermaßen erträglich ist und unterhalten uns fröhlich bis zum unvermeidlichen Abschied. Da Steves geplanter Streckenverlauf sich von nun an deutlich von unserem unterscheidet, werden wir uns auf dem Camino nicht mehr sehen. Der Abschied fällt entsprechend schwer, da wir in ihm einen wirklich guten Freund gefunden haben.

Navarette - 24.4.2018

Da heute nur eine relativ kurze Etappe von rund 15 Kilometern vor uns liegt, schlafen wir mal wieder länger aus und stehen erst gegen 7.30 Uhr auf. In unserem Hotel gibt es ein Frühstücksbuffet, an dem wir uns ausgiebig bedienen. Wir lassen uns Zeit und genießen das gute morgendliche Mahl, denn man weiß im „frühstücksmuffeligen" Spanien nicht, wann man wieder zu so einer guten Morgenmahlzeit kommt. Kurz vor 9 Uhr ziehen wir los, quer durch die Altstadt von Logrono, die um diese Uhrzeit im Gegensatz zu den Abend- und Nachtstunden noch sehr ruhig und verschlafen wirkt. Bald erreichen wir den großflächig angelegten ‚Parque de la Grajera y Barranca' mit seinem schönen Stausee, an dessen Ufer sich eine Ausflugsgaststätte befindet. Da wir keine Eile haben und die Bar schon geöffnet hat, gönnen wir uns eine Kaffeepause und setzen uns auf die Terrasse, die um diese Zeit noch sehr wenig frequentiert ist. Dabei beobachten wir einen schmächtigen jüngeren Mann, ungefähr Mitte 30, der sein schon recht schütteres Haupthaar mit einem altmodischen grauen Filzhut bedeckt hat. Auf dem Rasen vor der Terrasse gibt er mit einer Art Softball kleine Kunststücke zum Besten. Wir applaudieren und geben ihm ein Trinkgeld. Dabei kommen wir ins Gespräch und er stellt sich als Martin aus Freiburg vor, ebenfalls Pilger auf dem Weg nach Santiago d. C. Freimütig erzählt er uns seine Lebensgeschichte:
„Ich habe in Freiburg Volkswirtschaftslehre studiert und mit dem Diplom abgeschlossen, darf mich also Diplom-Volkswirt

nennen. Danach habe ich mich ganz meinem Projekt ‚slow-ball' gewidmet. Diesen wollte ich ganz groß herausbringen. In China habe ich ein geeignetes Unternehmen gefunden, das den ‚slow-ball' nach meinen Vorgaben produzieren sollte. Allerdings habe ich dafür in eine erhebliche finanzielle Vorleistung gehen müssen. Dann hat das Schicksal erbarmungslos zugeschlagen. Das Unternehmen ist angeblich ausgebrannt, mein Geld war verloren und mein Traum geplatzt. Doch ich bin noch heute davon überzeugt, dass mein ‚Baby' eine großartige Erfindung ist. Eines Tages aber, da bin ich ganz sicher, wird der ganz große Durchbruch kommen.

Nach dieser Pleite war ich finanziell ruiniert und ging in die Schweiz, wo ich eine Arbeitsstelle fand, die ich aber nach einem Jahr wegen Rationalisierungsmaßnahmen wieder verloren habe. Ich lebte danach vom Arbeitslosengeld. In dieser Zeit habe ich mich meistens in der freien Natur aufgehalten. Dabei bin ich eines Tages auf eine Quelle in einem Wald gestoßen, die mich magisch angezogen hat. Deshalb habe ich mich spontan dazu entschlossen, dort die Nacht zu verbringen. Und zum ersten Mal seit Jahren ist in mir ein innerer Friede aufgestiegen und ich habe tief und sorglos geschlafen. Deshalb habe ich diesen Ort immer wieder aufgesucht und es hat sich bei mir so eine Art Heimatgefühl entwickelt, so dass ich meine Wohnung gekündigt und meinen gesamten Besitz verschenkt habe. Dann habe ich an dieser Quelle einen Verschlag gebaut, um meine Leben dort zu verbringen.

Da ich aber einen Sohn in Freiburg habe, der bei seiner Mutter lebt, bin ich nach einiger Zeit dorthin zurückgekehrt.

Nach längerem Suchen fand ich in einem nahen Wald einen geeigneten Platz und baute dort mit Erlaubnis des zuständigen Försters eine Erdhöhle, in der ich nun schon seit drei Jahren wohne. So kann ich immer wieder meinen Sohn besuchen, der ab und zu bei mir im Wald übernachtet. Mit ihm bin ich auch schon in den Ferien nach Italien, Spanien und Frankreich gezogen, um dort an internationalen Treffen von Jongleuren und Unterhaltungskünstlern teilzunehmen. Das ist nun eben mein Leben und meine Erfüllung."

Wir sind beeindruckt und fragen ihn, wie er sich seine Zukunft vorstelle. Er antwortet: „Darüber denke ich nicht nach. Ich lebe im Hier und Heute." Wir kommen auch auf die religiöse Dimension des Lebens zu sprechen und ich erzähle ihm, dass im Mittelalter die Menschen meist aus tiefreligiöser Gesinnung den Camino gelaufen seien und überzeugt waren, Gott dabei zu begegnen und was er davon halte. Er antwortet: "Natürlich begegne ich Gott auf dem Camino und zwar in den Menschen, die ich unterwegs treffe" und er berichtet von interessanten Begegnungen, die er bisher auf dem Jakobsweg hatte. So marschieren wir gemeinsam rund zwei Stunden, meist durch großflächige Weinfelder, queren mehrmals die Autobahn und folgen dem Anstieg auf den Alto de la Grajera. Plötzlich taucht vor uns die riesige stählerne Silhouette des weltbekannten Osborne-Stiers auf einer kleinen Anhöhe auf. Ursprünglich als Werbegag für den Osborne-Brandy gedacht, ist er zu einem nationalen Symbol für ganz Spanien geworden. Dort schließt sich Martin einem anderen Pilger an, den er zu kennen scheint.

Unser heutiges Tagesziel, Navarette, kommt in Sicht und um die Mittagszeit haben wir das Zentrum erreicht. Da unser Hotel aber erst um 14.00 Uhr öffnet, gehen wir zum Plaza del Arco und machen dort eine Kaffeepause. Dabei kommt Martin angeschlendert und wir laden ihn zu einem Bier ein. Wir führen wieder ein angeregtes Gespräch über Gott und die Welt, verabschieden uns dann und suchen unser Hotel auf. Es ist ein uraltes Haus mit einer riesigen Eingangshalle und nennt sich ‚Pasado Ignatio'. Alles ist frisch renoviert und macht einen sehr vornehmen Eindruck. An der einen Wand des Raumes lehnt eine polierte Ritterrüstung, an der anderen hängt ein großes, altertümliches Ölgemälde. Beides vertieft den Eindruck des hohen Alters des Gebäudes. Die junge Hotelchefin begrüßt uns sehr freundlich. Sie sagt, dass das Hotel erst vor zwei Wochen aufgemacht habe und übergibt uns den Schlüssel für das Zimmer ‚Loyola'. Jetzt wird uns der Zusammenhang klar: Ignatius von Loyola. Die Hauswirtin bestätigt diese Vermutung und klärt uns bei einer kurzen Hausführung darüber auf, dass er hier in diesem Haus von 1517 bis 1521 gelebt habe. Ignatius sei damals Ritter im Dienst des Herzogs von Nájera und ein bekannter Frauenheld gewesen. Bei der Verteidigung Pamplonas gegen die Franzosen sei er 1521 schwer verletzt worden. Auf dem Krankenlager habe er Trost in der Bibel gefunden. Ignatius habe daraufhin seine Lebensbeichte abgelegt, was ganze drei Tage gedauert haben soll und sei schließlich als Pilger und Bettler zurückgekehrt. Er wurde später zum Gründer des Jesuitenordens und dessen erster Ordensgeneral.

Zum Abendessen gehen wir zurück in das Ortszentrum und finden einen schönen, sonnigen Platz auf der Außenterrasse eines Restaurants. Kurz darauf kommen aus der gegenüberliegenden Albergue deutsche Pilger und setzen sich zu uns an den Tisch, weil sonst alle anderen Plätze belegt sind. Der lustigste unter ihnen ist Stephan aus Hannover, der sich gleich zwei Mahlzeiten und zwei Desserts auf einmal bestellt. Er sieht entsprechend wohlgenährt aus und stellt sich als wahrer Wonneproppen heraus. Auf seinen guten Appetit angesprochen erklärt er, dass er halt gerne esse und seinen Camino unter das Motto gestellt habe: „Wo es etwas Gutes zum Essen gibt, da mache ich halt, egal wie lange es dauert. Für mich ist nicht Santiago das Ziel, sondern der Weg – besser gesagt, die Orte auf demselben, in denen es gutes Essen und guten Wein gibt." Also nicht nur ein Wonneproppen, sondern auch noch ein Genussmensch, passt auch irgendwie gut zusammen.

Wie sich im Laufe des Gesprächs weiter herausstellt, ist Stephan wohl der einzige Pilger auf dem gesamten Camino, dem es gelungen ist, das Gewicht seines Rucksacks auf rund 5 kg zu drücken. Er verrät uns sein Geheimnis: „Ich habe nur das an Klamotten dabei, was ich trage, dazu noch einen kurzen Schlafanzug, Zahnbürste und ein paar Hygieneartikel – das reicht mir!" Wir sind erstaunt. Auf unsere Nachfrage, wie er es denn mit dem Waschen seiner Wanderklamotten handhabe, antwortet er lapidar: „Ich hänge sie einfach über Nacht an die frische Luft. Am nächsten Morgen sind sie dann immer wie frisch gewaschen." Den Einwand, dass seine Kleider doch irgendwann mal müffeln könnten, wies er mit der Bemerkung zurück, dass davon bis jetzt noch nicht die

Rede sein könne. Und was bis hierher geklappt habe, würde auch bis zum Ende seiner Wanderung gut gehen. Also auch noch ein Lebenskünstler! Das bestätigt sich auch in seinen weiteren Ausführungen. So habe er sich spontan entschlossen, seine sechs Wochen Urlaub für den Camino zu nutzen, nachdem er einen Film darüber im Fernsehen gesehen habe. Er habe sonst keinerlei Vorbereitungen getroffen, kein Spanisch gelernt, keinen Reiseführer gelesen, rein gar nichts.

Später am Abend besuchen wir noch die in der Nähe liegende Kirche Santa Maria de la Asuncion mit ihrem riesigen und ganz mit Gold überzogenen Hochaltar. Um ihn ins rechte Licht zu setzen und ihn noch besser bestaunen zu können, kann man gegen einen kleinen Obolus den ganzen Altar beleuchten lassen – ein beinahe überirdischer Anblick. Beim Verlassen der Kirche sehen wir Martin andächtig in der hintersten Bank sitzen, seine Hände in Gebetsform und zwischen ihnen eine leuchtende Kugel, tief im Gebet versunken.

Nájera - 25.4.2018

Die heutige Wanderung beginnt sehr eintönig und laut. Der Weg verläuft zunächst kilometerweit neben der Nationalstraße N 120 und dann weiter entlang der Autobahn. Nach Ventosa kommt endlich wieder ein interessanter Abschnitt hinauf zum Alto de San Anton. Dort haben Wanderer hunderte Figuren und Säulen aus Kieselsteinen aufgeschichtet, weshalb man auch vom Pass der Steinmännchen spricht. Oben hat man wieder einen imposanten Blick zu den Bergen im Westen und Norden, von denen einige noch schneebedeckt sind. Fünf Kilometer weiter erreichen wir den Poyo de Roldan, den Rolandpass, auf dem eine alte Schutzhütte steht, die wie ein riesiger Steinhaufen aussieht. Hier soll der Legende nach der Ritter Roland gegen den 200 kg schweren muslimischen Riesen Ferragut, der Burgvogt von Nájera war, gekämpft und ihn erschlagen haben.

Kurz darauf kommen wir an den Ruinen einer aus dem 12. Jahrhundert stammenden Albergue vorbei, queren den Rio Najerilla und treffen bald darauf in unserem heutigen Zielort Nájera ein. Es ist ein hübsches Städtchen, gegründet im 11. Jahrhundert, mit der eindrucksvollen Klosterkirche Santa Maria la Real. Nachdem wir unsere Pension bezogen haben, besuchen wir diese Kirche, die sich wenige Meter entfernt befindet. Die Informationstafeln des Klosters informieren in Spanisch und Englisch, dass die Kirche um 1045 vom damaligen spanischen König Alfonso über einer Höhle erbaut wurde. Der Grund dafür war, dass ihm auf der Suche nach seinem Jagdfalken in dieser Höhle die Jungfrau Maria erschienen sein soll, an ihrer linken Seite soll sich eine Glocke befunden haben und an ihrer rechten ein Gerstenbündel, in ihren Händen habe sie drei Lilien gehalten. Tief erschüttert von dieser Erfahrung befahl er den Bau der Kirche, aus der sich im Laufe der Zeit das Kloster entwickelt hat. Man kann darin noch diese Höhle besichtigen, in deren Mitte eine gotische Marienstatue mit Glocke und Gerstenbündel thront und zu deren Füßen ein Altar steht, auf dessen Stirnseite drei Lilien abgebildet sind. Die Atmosphäre in der schlichten und nur spärlich ausgeleuchteten Höhle erinnert an Eunate und auch hier beschleicht mich wieder dieses Gefühl einer tiefen inneren Ruhe, dem ich mich nicht entziehen kann und deshalb für längere Zeit dort verweile.

Zurück in der pompös ausgestatteten Kirche treffen wir auf David aus Detroit, dem wir unterwegs schon mehrfach begegnet sind. Wir unterhalten uns mit ihm über die besondere Atmosphäre in der Höhle, die auch er verspüren konnte. Wir kommen auf unsere Beweggründe für die Pilgerwanderung zu sprechen. David erzählt uns, dass er aus Dankbarkeit für eine überstandene Krankheit pilgere und zudem wissen wolle, was für ihn noch machbar sei. Auf weiteres Nachfragen erklärt er, dass man ihm wegen einer Knochenkrankheit beide Unterbeine amputieren musste und er nun auf seinen beiden Prothesen den Camino laufe – und es würde funktionieren. Wir sind voller Bewunderung für seine Willenskraft und sein Durchhaltevermögen. Ein fast unglaubliches Beispiel dafür, was ein Mensch alles leisten kann, wenn er es nur wirklich will.

Langsam meldet sich ein intensives Hungergefühl und wir machen uns auf die Suche nach einem Restaurant. Da es aber bereits nach 19.00 Uhr ist, finden sich überall nur überfüllte Gaststätten. Enttäuscht machen wir uns auf den Weg zurück. Der Proviant für morgen muss eben heute schon als Abendessen herhalten. Zu unserer freudigen Überraschung befindet sich aber direkt gegenüber unserer Unterkunft ein Restaurant, das wir bisher noch gar nicht bemerkt haben. Es hat auch noch genügend freie Plätze, so dass wir dort ein Pilgermenü einnehmen können, das uns heute besonders gut schmeckt.

Santo Domingo de la Calzada - 26.4.2018

Nach ruhiger und gut durchgeschlafener Nacht sind wir um 7.30 Uhr wieder auf Tour. Es ist kühl und ein frischer Wind bläst uns ins Gesicht. Trotz einiger Wolken zeigt sich die Sonne und laut Wettervorhersage soll es heute nicht wärmer als 12 Grad werden, also ideales Wanderwetter. So legen wir auch gleich ordentlich los und kommen in einen guten ‚flow'. Zum ersten Mal auf unserem Pilgerweg gelangen wir vom ‚ich laufe' zum Gefühl ‚es läuft mich', also in eine Art meditatives Wandern. Eine schöne Erfahrung, weil man immer mehr in tiefere Ebenen des Denkens bzw. inneren Schauens hineinsinkt und die Zeit dabei vergisst.

Nach zwei Stunden kommen wir am Rollo de Azofra vorbei, das rechterhand in einem Feld steht. Es ist eine mehrere Meter hohe Steinsäule in Form eines Schwertknaufes, die darauf hinweist, dass hier in früheren Zeiten Gericht abgehalten worden ist. Man kann solchen Gerichtssäulen immer wieder auf dem Camino begegnen.

Nun folgt der fast 10 km lange Anstieg nach Ciruena. Das Dorf wirkt wie ausgestorben. Es besteht hauptsächlich aus einem riesigen Neubaugebiet, in dem die meisten Häuser unbewohnt scheinen, nirgendwo sind Menschen zu sehen. Auch auf dem daneben liegenden Golfplatz und den sich anschließenden Sportanlagen herrscht gähnende Leere und die dazugehörige Bar ist geschlossen.

Kurz danach erreicht man die Passhöhe auf rund 740 m

Höhe. Dort oben steht ein Stand mit Getränken und Obst, an dem man sich laut nebenstehendem Plakat kostenlos bedienen darf, nur um eine ‚Donativo' (Spende) wird gebeten. Komisch nur, dass ein etwas ungepflegt aussehender Spanier dabeisteht und genau im Blick hat, was die einzelnen ‚Kunden' als Gegenwert in die Spendenkasse einlegen. Eine Südkoreanerin nimmt sich einen Apfel und wirft eine 5-Cent-Münze in die Gelddose. Urplötzlich fängt der Standbesitzer lauthals an, die junge Pilgerin zu beschimpfen. Wir verstehen von seinem Redeschwall so viel, dass er empört ist über den angeblichen Geiz der jungen Frau, die ihm für den wunderschönen Apfel nur eine mickrige Messingmünze eingeworfen habe. Wir bleiben erstaunt stehen und schütteln verständnislos den Kopf. Solche üblen Geschäftemacher nutzen es schamlos aus, dass es zu wenig Bars auf diesem Teil des Caminos gibt und bauen darauf, dass die Pilger ihnen aus Gutmütigkeit mehr geben, als ihre Ware eigentlich wert ist.

Über einen sanft abfallenden Bergrücken wandern wir die restlichen Kilometer unserem Übernachtungsort entgegen. Inzwischen haben grellgelbe Flachsflächen und saftig grüne Weizenfelder die riesigen rotbraunen Weinanbaugebiete der Rioja abgelöst. Für das Auge eine abwechslungsreiche Wohltat.

Am frühen Nachmittag erreichen wir Santo Domingo de la Calzada. Der Zusatz ‚de la Calzada' heißt nichts anderes als ‚an der gepflasterten Straße' und geht auf das 11. Jahrhundert zurück. Damals stieg die Zahl der Pilger stark an und man benötigte besser ausgebaute Wege. Da sich

Pflasterstraßen aber nur wohlhabendere Orte leisten konnten und sie diesen Umstand auch voller Stolz hervorheben wollten, haben sie ihrem Ortsnamen diesen Zusatz hinzugefügt und ihn bis heute beibehalten.

Wir ziehen, vorbei an unansehnlichen Industrieanlagen und Arbeiterwohnblocks, hinein in die schöne Altstadt, wo auch unsere Pension liegt. Dabei treffen wir wieder auf Martin, der bei einem Glas Bier vor einer kleinen Bar sitzt und uns freudig begrüßt. Er will uns ein Liedchen vorsingen, das er sich eigens für uns ausgedacht haben will und beginnt: „Elke und Wolfgang, die laufen hier zu zweit...", dann bricht er ab, weil er den Rest nicht mehr zusammenbekommt, versichert aber, dass er es beim nächsten Zusammentreffen ganz vorsingen wird.

Unsere Unterkunft, die sich in einem normalen Wohnblock befindet, ist schwer zu finden. Dort werden wir aber schon von der freundlichen Wirtin erwartet. Sie zeigt uns das Zimmer, das sich als Appartement für vier Personen herausstellt, und überreicht uns vielfältiges Informationsmaterial über die Stadt. Sie gibt uns ihre Telefonnummer für den Fall, dass irgendein Problem auftreten sollte. Nachdem wir ihr den Zimmerpreis in bar ausgehändigt haben, verabschiedet sie sich mit der Bitte, bei unserer Abreise einfach den Schlüssel auf einer Kommode abzulegen und die Haustüre zuzuziehen.

Nach dem Duschen und Wäschewaschen gehen wir in die Stadt, um dort eine Kaffeepause zu machen. Im Schaufenster einer Konditorei sind riesige bunte Meringen ausgestellt. Da kann Elke nicht widerstehen und wir gehen hinein, um dort unseren Kaffee zu trinken. Und sie strahlt, denn so große Meringen hatte sie noch nie auf ihrem Kuchenteller.

Auf unserem Programm steht nun der Besuch der berühmten Kathedrale von Santo Domingo. Sie hat eine merkwürdige Sehenswürdigkeit, den wohl weltweit einzigen Hühnerstall in einem Gotteshaus. Die Geschichte dazu erzählt:

„Irgendwann im Mittelalter hat ein Pilgerpaar mit seinem Sohn in diesem Ort übernachtet. Die Tochter des Hauswirts verliebte sich in den schönen Jüngling, der aber nichts von ihr wissen wollte. Aus Ärger darüber versteckte die Verschmähte einen Silberbecher im Gepäck des jungen Pilgers und behauptete, dass dieser ihn gestohlen habe. Man glaubte ihr und erhängte den Jungen. Die zu Tode betrübten Eltern zogen alleine weiter. Als sie auf dem Heimweg von Santiago wieder in Santo Domingo vorbeikamen, suchten sie sofort ihren Sohn auf, der noch am Galgen hing, denn der Heilige Jakobus hatte ihnen ihn Santiago versprochen, dass er seine schützende Hand über den Jungen halten werde. Und tatsächlich: Sie fanden den Gehängten noch lebend vor. Sie gingen daraufhin voller Dankbarkeit zum Bischof, um ihm von diesem Wunder zu berichten. Dieser war gerade dabei, zwei Hähnchen zu verspeisen, als die Pilger ihm von dem wundersamen Geschehen berichteten. Er glaubte ihnen aber nicht und spottete: "Eher fliegen diese Hähnchen von meinem Teller, als dass diese Geschichte wahr ist!" Im gleichen Augenblick fingen diese an zu krähen und flogen davon."

Um dieses Doppelwunder für alle Zeiten zu bewahren, bauten die Gläubigen einen Hühnerstall in die Kirche, der sich allerdings drei Meter über dem Boden befindet und mit einer Glasscheibe vom Kirchenraum abgetrennt ist. In diesem Gehege befinden sich seit jener Zeit immer ein weiß gefiederter Hahn und eine weiße Henne, die wöchentlich ausgetauscht werden. Und die Verheißung verspricht, dass jeder Pilger, der die Kathedrale besucht und dabei den Hahn krähen hört, sicher Santiago d. C. erreichen werde.

Wir haben, trotz längerem Verweilen in der Kirche, den Hahn nicht schreien gehört – und sind trotzdem wohlbehalten bis nach Santiago gekommen, wahrscheinlich deshalb, weil wir unterwegs viele andere Hähne krähen gehört haben.

Wir besuchen noch die Gruft mit dem Sarkophag des Santo Domingo, dem Gründer dieser Stadt, der sich auch um den Ausbau des Jakobsweges besonders verdient gemacht hat.

Beim Verlassen der Kirche treffen wir auf den 75jährigen Dave aus Chicago, den wir bereits kennen. Er macht uns ein befremdliches Angebot: Er will uns seine digitale Spiegelreflexkamera mit gesamter Fotoausrüstung schenken. Er sagt, sie sei ihm zu schwer geworden. Ich mache ihm den Vorschlag, er solle die Kamera per Post nach Hause schicken und sich eine kleine Digitalkamera kaufen und zeige ihm meine, die sehr klein und extrem leicht ist. Er antwortet mit trauriger Miene: "It's too late!" (es ist zu spät). Ich sehe ihm fest in die Augen und sage: „It's never too late" (es ist nie zu spät), ohne aber näher nachzufragen. Er verabschiedet sich mit einem noch traurigeren Lächeln. Wir sind zunächst der Meinung, dass er einfach einen schlechten Tag hat und ihm vielleicht das

Wandern heute schwergefallen ist. Wir werden später eines Anderen belehrt und erfahren, dass er kurz nach unserer Begegnung wegen starker innerer Blutungen ins Krankenhaus gebracht werden musste, dort eine Woche auf der Intensivstation lag und dann zurück in die USA geflogen wurde. Wir haben nichts mehr von ihm gehört. Auch auf unsere Mails kamen keine Antworten mehr.

Zum Essen kehren wir in ein Restaurant neben der Kirche ein und stellen erstaunt fest, dass wir die einzigen Gäste sind. Das Pilgeressen ist wirklich gut und der Wein hervorragend, was man nicht von jedem hiesigen Hauswein sagen kann. Vom Wirt erfahren wir, dass es heute Abend in der kleinen Kirche gegenüber einen Pilgergottesdienst gibt und gehen deshalb zur genannten Uhrzeit dorthin. Als wir eintreten, sind nur wenige Frauen anwesend, die im fast schon mystischen Singsang den Rosenkranz beten. Wir hören eine Weile zu und ich erinnere mich, wie ich als Kind mit meiner Oma Rosenkranzandachten besucht habe. Damals war es für mich ein Graus, in der halbdunklen Kirche zu sitzen und dem Gemurmel der alten Leute zuhören zu müssen. Hier erscheint es mir anders und ich lausche auf die sich immer wiederholenden Worte, deren Sinn ich mit der Zeit verstehen kann. Wir wollen schon gehen in der Meinung, das mit dem Pilgergottesdienst irgendwie falsch verstanden zu haben, als immer mehr Leute in die Kirche hineinströmen und bald alle Plätze belegt sind. Wir bleiben also sitzen, der Rosenkranz wird abrupt beendet und es folgt der erwartete Pilgergottesdienst. Wir verstehen dabei sehr wenig, aber immerhin so viel, dass der Priester seine Worte immer wieder an die Pilger richtet, die hier aus vielen Ländern versammelt sind. Am Ende der Andacht ruft er sie alle nach vorne an den Altar, drückt jedem Einzelnen die Hand und gibt ihm seinen persönlichen Pilgersegen. Das ist für jeden, auch wenn er nicht katholisch ist, berührend und hinterlässt auch bei uns einen tiefen Eindruck.

(Endlose Weizen- und Rapsfelder in Kastilien,
Originalgröße: 30 x 40 cm, Acryl)

Belorado - 27.4.2018

Nach einer gut durchgeschlafenen Nacht sind wir um 6.00 Uhr aufgestanden und eine Stunde später losgelaufen, dieses Mal wieder ohne Frühstück, das wir aber nach rund zwei Stunden in einer Bar nachholen. Auf dem Weg nach Granon, der immer wieder entlang der Nationalstraße führt, fällt uns ein drahtiger jüngerer Mann auf, der beim Laufen gewisse Schwierigkeiten zeigt. Es ist Kevin aus Los Angeles, 36 Jahre alt. Wir fragen ihn, ob ihm etwas fehle und wir eventuell helfen könnten. Er antwortet, dass er wunde Füße habe. Er habe sich neue Schuhe kaufen müssen, da er seine alten bereits durchgelaufen habe. Wir kommen näher ins Gespräch und er sagt uns, dass er den Camino mache, weil er über seine berufliche Zukunft nachdenken müsse. Er sei viele Jahre in Frankfurt am Main in der Finanzbranche tätig gewesen und erst vor kurzem in seine Heimat zurückgekehrt. „But I can't do this job anymore", sagt er mit sehr ernster Stimme, „I need a reset" (ich kann diesen Job nicht mehr machen, ich brauche einen Neuanfang). Er laufe den Jakobsweg, um sich darüber klar zu werden, wie es beruflich weitergehen soll. Die Entscheidung wolle er in den nächsten Tagen treffen. Er sei auch in Saint-Jean-Pied-de-Port losgelaufen und habe bisher jeden Tag rund 40 Kilometer hinter sich gebracht, um in drei Wochen Santiago zu erreichen, denn nur so lang dauere sein Urlaub. Aber mit seinen geschundenen Füßen, so meint er nachdenklich, werde er es wohl nicht mehr ganz schaffen. Er berichtet uns, dass er in einer Albergue eine vierzigjährige deutsche Kollegin getroffen habe, die interessanterweise bisher bei einer Bank in Los Angeles gearbeitet habe und erst vor kurzem nach Deutschland zurückgekehrt sei. Sie habe ebenfalls ihren Job aufgekündigt und sei aus dem gleichen Grund wie er auf dem Camino.

In Granon angekommen, kehren wir in die erste Bar ein, um dort Pause zu machen. Da alle Tische schon belegt sind, setzen wir uns zu einem älteren Ehepaar aus dem Elsaß. Sie machen einen niedergeschlagenen Eindruck und erzählen, dass sie heute ihre Pilgerwanderung abbrechen müssten, weil sie am Morgen die Nachricht erhalten hätten, dass ihre krebskranke Tochter einen schweren Rückschlag erlitten habe und es nicht gut um sie stehe. Auf dem Camino trifft man immer wieder auf Menschen, die mit einem harten Schicksal zu ringen haben. Wir wünschen dem Paar und ihrer Tochter alles Gute und machen uns bedrückt weiter auf den Weg. Nach ungefähr zwei Stunden immer bergauf kommen wir in Viloria de Rioja an, das auf 800 m Höhe liegt. Es ist der Geburtsort von Domingo Garcia (1019 – 1109), der später als Santo Domingo heiliggesprochen wurde.

Danach geht der Weg durch endlose Weizenfelder immer leicht bergab. Urplötzlich kommt uns eine riesige Wand aus Strohballen in den Blick. Ein paar Pilger stehen davor und scheinen zu applaudieren. Beim Näherkommen erkennen wir, dass jemand vor der Wand eine kleine Bühne aus Strohballen gebaut hat und darauf Kunststücke aufführt. Es ist Martin, der sich wieder ein paar Euro verdienen will. Wir lächeln ihm zu und legen ihm eine kleine Spende in seinen Hut. Er unterbricht seine Vorstellung und singt vor allen Leuten das Liedchen vor, das er für uns schon einmal angestimmt hatte. Dieses Mal klappt es besser. Die Leute applaudieren wieder, wir bedanken uns, legen noch ein paar Euros obendrauf und marschieren weiter. Gegen 15.00 Uhr erreichen wir Belorado und suchen unser Hotel auf. Wir haben Glück und bekommen ein hübsches Zimmer mit kleinem Balkon, ideal zum Anbringen unserer Brunhilde. Da die Sonne kräftig scheint, wird die Wäsche heute mal wieder rechtzeitig trocken werden.

Beim Abendessen in einem einfachen Restaurant sehen wir wieder Martin, den der Wirt zu einem Imbiss samt Wein und Nachtisch eingeladen hat. Viele Spanier haben ein Herz für arme Pilger. Er setzt sich zu uns und übernimmt noch dankbar den Rest unseres Pilgermenüs, das sehr reichlich ausgefallen ist. Plötzlich kommt Louis aus Argentinien zur Tür herein und freut sich überschwänglich, uns zu sehen. Er übernachtet mit seiner Mutter in diesem Haus. Die Beiden müssen den größten Teil des Caminos mit dem Bus fahren, da seine Mutter nicht mehr gut zu Fuß ist, aber unbedingt den gesamten Jakobsweg sehen will. Von der Flasche Rioja, die er beim Wirt für sie gekauft hat, bleibt an diesem feuchtfröhlichen Abend nichts mehr übrig.

Burgos - 28.4.2018

Die Nacht war grauenhaft. Fast das ganze Hotel war, wie wir später erfahren, von einer Reisegruppe aus Südamerika belegt und diese machte die Nacht zum Tag, Ramba-Zamba bis zum frühen Morgen. Unsere direkten Zimmernachbarn kamen erst gegen 2.00 Uhr nachts mit lautem Gelächter und Gequatsche heim, duschten ausgiebig, unterhielten sich lauthals mit ständigem Gekicher, so als wären sie allein auf einer Hazienda irgendwo im einsamen Buschland von Argentinien und gaben sich anschließend geräuschvoll ihren partnerschaftlichen Freuden hin. Ich wünschte ihnen alle Plagen des Caminos an den Hals, denn meine Geduld war mehr als ausgereizt.

Erst gegen Morgen finden wir noch ein Quäntchen Schlaf, aus dem uns mein Handywecker um 6.00 Uhr bereits wieder herausklingelt. Ich stelle ihn aber nicht gleich ab, sondern drehe die Lautstärke bis zum Anschlag hoch, damit unsere lieben Zimmernachbarn auch noch etwas davon haben.

Nachdem wir uns wanderfertig gemacht haben, begeben wir uns in den Speiseraum, denn das Hotel bietet auch Frühstück an. Zu unserer Überraschung ist der Saal voller Leute, die hektisch und sehr geräuschvoll die Frühstückstheke leerräumen. Keine Ahnung, wie die Südamerikaner das trotz turbulenter Nacht schaffen, wieder so schnell auf Hochtouren zu sein. Wir haben keine

Chance, zu den bereitstehenden Käse- und Wursttabletts oder den Brötchenkörben vorzudringen, alles von Argentiniern belagert. Und sobald der Wirt mit neuen Tabletts kommt, werden diese ihm schon förmlich aus der Hand gerissen. Wir setzen uns an einen hinteren Tisch und sehen dem Treiben zu, weil es keinen Sinn macht, in das Gewühle hineinzudrängen. Nach ungefähr 10 Minuten endet der Lärm abrupt. Der Reiseleiter der Gruppe erscheint und weist seine Leute an, ihre Sachen in den bereitstehenden Bus zu bringen. Diese lassen alles stehen und liegen und leisten der Anordnung unmittelbar Folge.

Zum Glück, denn nun können wir unbeschwert unser Frühstück in Angriff nehmen. Der Wirt, ebenso erleichtert wie wir, bringt neue Käse- und Wurstteller sowie frische Brötchen herein und wir genießen das ruhige und ungestörte Mahl.

Wir gehen zur Rezeption, um unsere Rechnung zu bezahlen. Doch auch dort Geschrei und Gezeter. Ein jüngeres Paar streitet mit dem Empfangschef wegen des Rechnungsbetrages. Der Streit wird immer länger und heftiger und hinter uns bildet sich bereits eine Schlange von 8 bis 10 Personen, die ebenfalls bezahlen wollen, aber das kümmert das streitsüchtige Pärchen nicht. Mir platzt jetzt der Kragen und ich sage mit sehr lauter Stimme: „Quisiera pagar!" (Ich möchte bezahlen.) Die Umstehenden nicken zustimmend, aber den Streithähnen ist das egal. Ich wiederhole meine Forderung noch lauter und schärfer, so dass der Hotelangestellte sich umblickt und die Ansammlung vor dem Tresen sieht. Erst jetzt wird ihm bewusst, dass er diese unangenehme Situation schleunigst beenden muss, um nicht noch mehr Unmut auf sich zu ziehen und einigt sich erstaunlich rasch mit dem Paar.

Endlich geht es los. Vor uns liegt ein langer Weg. Eigentlich wollten wir die 46 km lange Strecke bis Burgos in zwei Etappen machen, aber wir fanden keine passende Übernachtungsmöglichkeit mehr. So haben wir uns entschlossen, bis nach San Juan de Ortega, ungefähr die halbe Wegstrecke, zu laufen und von dort aus mit dem Bus zu fahren, zumal das sogar der Wanderführer empfiehlt, um das kilometerlange Laufen durch langweilige und laute Industriegebiete zu vermeiden. Wir treten ins Freie und ein nasskalter, böiger Wind schlägt uns ins Gesicht. Das Thermometer zeigt nur drei Grad über Null. Unsere Stimmung ist genauso mies wie das Wetter. Ein Pilgerpaar aus Australien steht neben dem Hoteleingang und fragt, ob wir auch nach Burgos wollen.

„Nicht wollen – müssen!" antworte ich. „Dann seid ihr aber zu früh dran, so wie wir", entgegnen sie. Auf mein verständnisloses „warum" präzisiert der ältere Herr: „Der Bus fährt erst in einer Stunde" und zeigt dabei auf den Busfahrplan neben dem Hoteleingang. Jetzt erst fällt uns auf, dass wir direkt an der Bushaltestelle der Linie nach Burgos stehen. Das kann kein Zufall sein, sondern ist der berühmte Wink des Schicksals mit dem Zaunpfahl und wir entscheiden uns spontan, uns nicht dieser himmlischen Fügung zu widersetzen. Der Tag ist gerettet. Nach und nach gesellen sich immer mehr Pilger dazu, so dass sich beim Eintreffen des Buses ungefähr 20 Personen versammelt haben. Wir fragen uns, warum wir nicht gleich auf diese Idee gekommen sind.

Unterwegs macht der Bus noch mehrmals Halt, um weitere Wanderer aufzunehmen, die sich auch diesen Teil des Weges ersparen wollen. Der Wind ist inzwischen wesentlich stärker geworden und peitscht den Regen gegen die Busscheiben. Nach 40 Minuten erreichen wir das Zentrum von Burgos. Es regnet und stürmt immer noch und uns bleibt nichts anderes übrig, als nach der Ankunft sofort in die nächste Bar zu gehen und abzuwarten, bis sich das Wetter etwas bessert. Nachdem wir eine ganze Kanne Tee geleert haben und das Wetter unverändert schlecht ist, brechen wir trotzdem auf, um endlich zu unserer Unterkunft zu gelangen.

Beim Tourismusbüro erkundigen wir uns nach unserem Hotel, doch die Dame schickt uns in eine völlig falsche Richtung, so dass wir unterwegs nochmals eine Bar aufsuchen, um uns aufzuwärmen. Glücklicherweise kommen wir dabei an einem weiteren Tourismusbüro vorbei, wo uns die richtige Auskunft erteilt wird. Auf diese Weise legen wir heute trotzdem eine ganze Anzahl von Kilometern per Fuß zurück, ohne es freilich so geplant zu haben. Endlich erreichen wir das Hotel, das ziemlich zentral liegt, und beziehen unser Zimmer. Es ist groß, sauber, gemütlich, mit zwei riesigen Balkonen und verfügt sogar über ein Badezimmer mit Badewanne. Elke ist überglücklich, genehmigt sich ein heißes Wannenbad und legt sich dann ins Bett, um sofort einzuschlafen. Ich tue das Gleiche, denn die vergangene Nacht steckt uns doch tiefer in den Knochen, als wir zunächst wahrhaben wollen.

Zwei volle Stunden schlafe ich durch, Elke braucht noch etwas länger. Wieder frisch und fit machen wir einen Bummel durch die schöne Altstadt. Burgos wurde um die Mitte des 9. Jahrhunderts gegründet und war ehemals Königsstadt. Heute ist sie noch Bischofssitz und mit seinen 170.000 Einwohnern Provinzhauptstadt der gleichnamigen Region. Die Stadt ist durch ihre mittelalterlichen Bauten geprägt, besonders stechen dabei die berühmte Kathedrale und das hoch aufragende Stadttor hervor. Sie ist auch eine wichtige Industrie- und Handelsmetropole, entsprechend viele Industriegebiete haben sich rund um die Stadt entwickelt. In solchen großen Städten ist es weitaus schwieriger, ein Restaurant zu finden, das Pilgermenüs anbietet. Wir finden zwar eines, der Preis für das Menü ist aber deutlich höher als sonst, die Qualität erheblich mieser und Wasser und Wein werden gesondert berechnet. Alles in allem essensmäßig ein totaler Reinfall.

Burgos - 29.4.2018

Heute ist Samstag und wir legen nach 12 Wandertagen einen ersten Ruhetag ein. Obwohl der Begriff hier eigentlich falsch ist, denn wir ruhen nicht den ganzen Tag, sondern wir wollen heute die Sehenswürdigkeiten von Burgos besuchen. Unser Jakobsweg soll nicht nur bloßes Wandern sein, sondern zum Pilgern gehört für uns auch, sich Zeit für die kulturellen Besonderheiten des Caminos zu nehmen. Aber natürlich lassen wir es ruhiger angehen, als an normalen Tourentagen. Deshalb schlafen wir auch mal wieder richtig aus und stehen erst um 8.30 Uhr auf. Da es ein ‚normales' Hotel ist, gibt es hier auch ein gepflegtes Frühstück, das wir ausgiebig genießen. Danach machen wir uns auf den Weg zur weltberühmten Kathedrale, die aus dem 13. Jahrhundert stammt und wie die meisten Kirchen Spaniens der Jungfrau Maria gewidmet ist. Sie wurde von Ferdinand III. in Auftrag gegeben anlässlich seiner Hochzeit mit Beatrix von Schwaben. Im Jahre 1984 erklärte die UNESCO das Gotteshaus zum Weltkulturerbe. Über 3 Stunden brauchen wir, um die prachtvolle Kirche mit ihren rund 30 Kapellen zu besichtigen, die sich um das Hauptschiff reihen, jede anders ausgestaltet und einzigartig in ihrer Ausstrahlung.

Erschlagen von so viel hochprozentiger religiöser Kultur, müssen wir uns erst einmal bei Kaffee und Kuchen erholen, damit sich die ganzen überwältigenden Impressionen setzen können, bevor wir uns an die anderen kulturellen Höhepunkte der Stadt heranwagen. Draußen ist es wieder sehr kalt, der regionale Wetterbericht gibt 7 Grad an, und es kommt immer öfter zu starken Schauern. Dazu jagen schwere Sturmböen durch die Straßen. Wir beschließen deshalb, dieser schlechten Wetterphase aus dem Weg zu gehen und ein Nickerchen in unserem Hotelzimmer zu machen, schließlich haben wir morgen wieder eine Hammertour von 30 Kilometern zu bewältigen und müssen entsprechen fit sein. Wenn der Regen von außen an die Fensterscheiben schlägt, dann schläft es sich halt besonders gut, so dass die Siesta länger als geplant ausfällt und wir erst nach zwei Stunden wieder auf die Beine kommen. Nein, wir haben es nicht bereut!

Anschließend holen wir die weitere Stadtbesichtigung nach, wobei uns vor allem das zu Ehren Kaiser Karl V. erbaute Marientor und das Kloster Santa-Maria-la-Real-de-Las-Huelgas, 1187 gegründet und Begräbnisstätte vieler Könige, beeindrucken. Da wieder Starkregen einsetzt, gehen wir in die nächste Bar, bestellen Salat und Getränke und nützen die nächste Regenpause, um auf schnellstem Weg zurück ins Hotel zu kommen. Eine bedrohlich schwarze Wolkenwand lässt nichts Gutes von oben erwarten. Wir erreichen gerade noch die Unterkunft, bevor das Unwetter losbricht und beschließen deshalb, heute das Hotel nicht mehr zu verlassen. Auf das Abendessen verzichten wir und begnügen uns mit der Notration aus dem Rucksack, bestehend aus Oliven, Erdnüssen und zwei Flaschen Mineralwasser.

Hontanas - 30.4.2018

Heute geht es schon früh los. Es ist 7.30 Uhr, noch nicht richtig hell, kalt und es weht ein stürmischer Wind, aber es regnet nicht. Nach zwei Stunden flotten Wanderns sind wir bereits die 11 Kilometer bis nach Tardajos gelaufen und machen in einer sehr gepflegten Bar eine erste Rast. Nach einer weiteren Stunde strammen Wanderns passieren wir eine kleine Marienkapelle am Ortsende von Rabe de las Calzadas. Schwester Anna begrüßt dort jeden vorbeikommenden Pilger und lädt ihn zum Besuch des Kirchleins ein. Obwohl einige achtlos vorübergehen, machen wir Halt, um uns die Kapelle anzusehen und mit der freundlichen Nonne zu plaudern. Sie fragt in Englisch, woher wir kommen und spricht dann in akzentfreiem Deutsch weiter. Sie klärt uns auf, dass ihr Vater vom Wolfgangsee in Österreich stamme und ihre Mutter Spanierin gewesen sei. Sie führt uns in die kleine Kirche und erklärt deren Entstehungsgeschichte und Besonderheiten. Dabei stellt sie uns ihre beiden hochbetagten Mitschwestern vor, die noch jeden Tag in der Kapelle ihren Dienst mit dem Verkauf von Andenken und dem Abstempeln der Pilgerausweise verrichten. Schwester Anna macht mit uns noch ein Interview, in dem sie Grund und Ziel unserer Pilgerwanderung wissen will. Sie nimmt das Interview mit einer Filmkamera auf, um es auf der facebook-Seite ihres Klosters einzustellen. Währenddessen marschiert eine Grundschulklasse fröhlich lärmend vorbei und Schwester Anna läuft ihnen schnell hinterher, um die Lehrer und Schüler ebenfalls in die Kapelle zu bitten. Aber die Lehrkräfte lehnen dankend ab. Enttäuscht meint sie, dass das eben trauriger Alltag in Spanien sei und die Leute immer mehr vom Glauben abfallen würden. Ich entgegne ihr, dass das leider auch in Deutschland der Fall sei, eben ein Symptom der Zeit. Wir verabschieden uns und ziehen weiter.

Bald überholen wir die lärmende Schulklasse, die aus ungefähr 20 Kindern besteht, wobei neben den beiden Lehrern noch eine ganze Anzahl Eltern mitwandert. Sie haben alle eine Jakobsmuschel um den Hals oder am Rucksack hängen und eine Mutter erklärt uns, dass sie heute als Wanderausflug eine kleine Strecke auf dem Jakobsweg unterwegs seien. Wir finden das eine tolle Idee, weil so die Kinder ganz praktisch in den Sinn des Pilgerns eingeführt werden. Hätte Schwester Anna davon gewusst, wäre ihr das sicherlich ein Trost gewesen, da das Pilgern ja auch etwas mit dem Glauben zu tun hat.

Einem der Mädchen imponiert es offensichtlich, wie Elke mit ihren beiden Wanderstöcken flott an der Klasse vorbeizieht und heftet sich an ihre Fersen, um im Gleichschritt mit ihr ihre Gangart und Gestik zu imitieren, was der Kleinen auch erstaunlich gut gelingt. Nach einigen hundert Metern ist es ihr aber doch zu mühsam und sie lässt sich lachend zurückfallen, um wieder auf Höhe ihrer Mitschüler zu kommen.

Nach vier Kilometern auf stetig ansteigendem Weg durch Busch- und Steppenlandschaft haben wir den Cuesta Matamuros auf 935 Meter Höhe erreicht und befinden uns nun auf der Meseta, einer steppenartigen Hochfläche, die durch sanfte Hügel und eintönige Landschaften geprägt ist. Kein Wunder, dass hier kaum noch Ortschaften oder Bars zu finden sind. Nach weiteren acht Kilometern auf fast nur gerade verlaufendem Pistenweg kommen wir endlich am frühen Nachmittag in Hornillos del Camino an, einem kleinen Ort, in dem wir unsere Mittagspause nachholen wollen. Auf dem Dorfplatz sehen wir Martin, der vergnügt mit einigen Frauen ein Spiel mit seinem ,slow-ball' macht. Er bemerkt uns und unterbricht das Spiel, um uns zu begrüßen. Wir sind froh, dass es ihm offenbar gut geht und er mit seiner Erfindung anderen Spaß bereiten kann. Wir laufen weiter zur Albergue des Ortes, in dem sich auch eine Bar befindet. Diese ist aber von der eher schmuddeligen Art. Auf dem Tresen türmt sich schmutziges Geschirr und er ist übersäht mit Krümeln und Essensresten aller Art. Da wir aber schon mal hier sind und weit und breit keine andere Bar in Aussicht steht, bestellen wir zwei große Tassen Tee, aber nichts zum Essen, sondern verzehren lieber unser Rucksackvesper. Der Tee ist zwar äußerst preisgünstig, dafür aber lauwarm, völlig geschmacklos und die Tassen sind nur halbvoll. Wir nehmen an einem der hintersten Tische Platz, da es hier erträglich sauber ist und genießen die Pause. Diese wird aufgelockert durch eine junge Frau, die sich plötzlich in der Nähe auf einen Stuhl setzt und zur Gitarre Oldies singt. Nach einer guten halben Stunde beendet sie ihre Vorstellung und erntet dafür den verdienten Applaus. Auch wir verlassen die Bar, um die restlichen zehn Kilometer des heutigen Tages in Angriff zu nehmen. Auf der eintönigen Hochebene fällt das Wandern schwer, weil der Wind in scharfen Böen auffrischt und uns immer wieder Regenschauer zu schaffen machen. Der Pfad zieht sich endlos durch die Steppenlandschaft und wir laufen viele Kilometer, ohne irgendwelche andere Pilger oder Wegweiser zu sehen und fragen uns schon, ob es noch der richtige Weg ist, als sich am Horizont ein kleines Haus mit Kuppeldach abzeichnet. Es ist die Albergue Sambol, eine der urigsten auf dem gesamten Camino. Sie hat weder Strom, noch fließend Wasser, noch sanitäre Einrichtungen, dafür aber eine eigene Quelle. Das wird auch der Grund dafür sein, dass hier nur acht Schlafplätze angeboten werden, die aber extrem preisgünstig sind. Auf jeden Fall wissen wir jetzt, dass wir uns nicht verlaufen haben. Der steinige Weg zieht sich weiter schnurgerade durch die öde Landschaft hin und unser Zielort ist nirgends zu entdecken. Plötzlich ein kurzes Stöhnen hinter mir – Elke ist unglücklich auf einen größeren Stein getreten, der mitten auf dem schmalen Weg lag, und hat sich den rechten Fuß verstaucht. Sie reißt sich zusammen und geht, zunächst noch unsicheren Schrittes, weiter. Nach ein paar weiteren Kilometern, die Elke mit leichtem Hinken und eisernem Willen hinter sich bringt, taucht wie aus dem Nichts eine Kirchturmspitze auf, die beim Näherkommen immer größer wird und langsam erscheint das ganze Gotteshaus mitsamt einem kleinen Dorf in unserem Blickfeld.

Es ist Hontanas, das sich in einer Senke der Meseta versteckt. Der Ort ist einer von vielen alten Siedlungen, die ihr zaghaftes Wiederaufleben dem zunehmenden Pilgerstrom zu verdanken haben.

Verkehrsmäßig sehr ungünstig gelegen, man erreicht den Ort praktisch nur über Feldwege, haben sich dennoch wieder einige Leute hier niedergelassen, um kleine Hotels oder Bars zur Versorgung der Wanderer zu betreiben. Wir finden in der kleinen Ortschaft schnell unser Hotel, es liegt direkt am Jakobsweg, und sind froh, dass wir vorgebucht haben, denn eine ganze Anzahl ausgelaugter Wanderer wird mit dem Hinweis ‚completo' abgewiesen. Wir sehen noch Martin des Weges kommen, der auch noch nach einer Übernachtungsmöglichkeit sucht. Glücklicherweise beobachten wir eine größere Anzahl von Pilgern, die gerade in eine Albergue hineingewinkt werden und fordern Martin auf, sich ihnen rasch anzuschließen. Er schafft es gerade noch, als Letzter hineingelassen zu werden, denn hinter ihm wird die Türe wieder verschlossen und die Draußengebliebenen müssen weitersuchen. Wir erfahren später, dass in der Albergue zwar alle Plätze ebenfalls vorgebucht waren, aber wer bis 16.00 Uhr nicht anwesend ist, hat Pech, denn die bis dahin nicht belegten Schlafplätze werden an andere wartende Pilger vergeben.

Unsere Unterkunft ist ein uraltes Haus mit sechs kleinen Zimmern, das von Grund auf renoviert worden ist. Unser Zimmer hat maximal 10 Quadratmeter Fläche und ist sehr dunkel, weil es nur über ein winziges Fenster verfügt. Wenigstens gibt es ein Bad mit Dusche, ebenfalls sehr beengt, aber immerhin kommt warmes Wasser, während die Heizung in dem kalten Raum trotz mehrmaligem Aufdrehen des Thermostates nicht gewillt ist, ihrer Funktion gerecht zu werden. So müssen wir uns halt nach dem ausgiebigen Duschen sofort warm anziehen, um es in dem eiskalten Zimmer auszuhalten. Elke kriecht lieber noch unter die Bettdecke, um es einigermaßen erträglich zu haben.

Zur Pension gehört ein kleines Restaurant, das sich in einem ebenfalls neu hergerichteten Haus gegenüber befindet. Wir gehen hinein und werden zum Abendessen in einen halbdunklen Raum gebeten. Man hält es allerdings nicht für nötig, Licht anzuschalten, da es bis zur offiziellen Öffnungszeit um 19.00 Uhr noch 20 Minuten sind. Zur Überbrückung der Wartezeit bestellen wir ein Bier, während der Raum sich langsam mit weiteren Gästen zu füllen beginnt. Es ist bereits 19.15 Uhr, aber von einer Bedienung weit und breit nichts zu sehen. Es dauert noch weitere 15 Minuten, im Saal ist es bereits ziemlich dunkel geworden, bis zwei ältere Frauen erscheinen, die endlich das Licht anschalten und sich dann laut unterhaltend in der Küche zu schaffen machen. „Aha", denken alle, „jetzt geht es endlich los!" Aber aus dem langen Dornröschenschlaf Hontanas scheinen auch seine Bewohner nur sehr langsam zu erwachen. Gegen 20.00 Uhr kommt dann gemütlich ein junger Mann angeschlendert, bindet sich umständlich eine Kellnerschürze um und beginnt, die Bestellungen aufzunehmen. Aber er fängt damit nicht bei uns an, obwohl er es war, der uns als erste hereingelassen hat, sondern beginnt bei denjenigen, die zum Schluss gekommen sind. ‚Die Letzten werden die Ersten sein', man muss sich eben höheren Einsichten beugen, um der sprichwörtlichen Geduld eines Pilgers gerecht zu werden. Da es aber nur ein Einheitsmenü gibt, geht es mit dem Servieren relativ schnell.

Das Essen ist solide Hausmannskost, schmeckt gut und es wird reichlich aufgetischt, so dass wir alles in allem doch zufrieden sind.

Vor dem Zubettgehen schauen wir uns nochmal Elkes verletzten Fuß an. Er ist rot angelaufen und leicht geschwollen. Sie reibt ihn mit Schmerzcreme ein und wir hoffen, dass er sich über Nacht nicht verschlimmert.

(Hontanas, Originalgröße: 30 x 40 cm, Acryl)

Boadillo del Camino - 1.5.2018

Wir haben mal wieder schlecht geschlafen. Die Gruppe über uns, es muss sich dort ein Mehrbettzimmer befinden, war äußerst unruhig. Dauernd musste jemand von ihnen auf die Toilette und das Abwasser rauschte mit lärmendem Getöse direkt hinter unseren Köpfen nach unten. Um 5.00 Uhr sind sie aufgestanden, ihr Getrampel auf dem hellhörigen Holzfußboden hat uns vollends aus dem spärlichen Schlaf gerissen. Die Nacht war bitterkalt und, wie vermutet, ist unsere Wäsche nicht trocken geworden. Auch durch mehr als zehnminütiges Beföhnen bekommen wir sie nicht soweit trocken, dass man sie hätte einpacken können. Also befestigen wir sie außen an unsere Rucksäcke in der Hoffnung, dass es ein warmer Tag werden wird und sie an der Luft trocken kann.

Elkes Fuß bereitet mir Sorgen. Er hat sich nun in ein dunkleres Rot verfärbt und ist noch mehr angeschwollen, so dass er kaum mehr in den Wanderstiefel passt. Sie schmiert ihn dick mit Schmerzgel ein und schafft es dann mit Mühe, die Trekkingschuhe anzuziehen. Vorsichtig versucht sie die ersten Schritte. Sie hat natürlich Schmerzen, die sie aber verdrängt, es hilft ja nichts. Ihr preußisches Blut verlangt Disziplin und duldet keine Wehleidigkeit. Also sagt sie: „Es ist halb so schlimm", schultert ihr Gepäck und wir gehen gegenüber zum Frühstücken.

Draußen ist es noch stockdunkel und Raureif bedeckt die Landschaft. Wir begeben uns in den Speiseraum, in dem wir gestern Abend schon waren, in der Hoffnung, dass es mit dem Frühstück etwas zügiger klappt, zumal sich außer uns nur noch ein anderes Pärchen im Raum befindet. Aber die beiden Bedienungen sind trotzdem völlig überfordert. Man merkt den zwei jüngeren Damen in allem Tun an, dass sie lustlos und ohne Konzept ihre Arbeit machen. Sie brauchen geschlagene 20 Minuten, um dem Paar das Frühstück zu servieren. Erst dann nehmen sie unsere Bestellung entgegen, Wartezeit nochmals eine Viertelstunde. Danach zeigen sie sich nicht mehr. Zum Bezahlen gehen wir an die Rezeption und beobachten, wie sie sich gegenseitig den Rücken kraulen. Wir wissen nicht, ob wir über diese Verhalten lachen oder wütend sein sollen, entscheiden uns für das einfachere Ignorieren und verlangen die Rechnung. Es braucht eine ganze Weile, bis die Damen die wenigen Zahlen addiert haben und ich begleiche den geforderten Betrag ohne jedes Zögern, obwohl ich sofort feststelle, dass sie im Zusammenzählen genauso miserabel sind wie in ihrer Arbeitshaltung. Mit dem angemessenen Trinkgeld, das in diesem Fall negativ ausfällt, müssen sie sich dann halt auch zufriedengeben.

Als wir loslaufen, durchbricht gerade die Sonne mit ihren ersten Strahlen die Dämmerung und verwandelt die gefrorenen Wiesen in ein zauberhaftes Glitzerfeld. Ein Kuckuck schmettert ihr frohgemut seine wohlbekannten Rufe entgegen. Um nicht zu frieren, ziehen wir uns noch eine zusätzliche Fleecejacke und Handschuhe an und ziehen in den wunderschönen Morgen hinein. Elke tut sich dabei anfangs schwer mit ihrem lädierten Fuß und obwohl sie versucht, sich nichts anmerken zu lassen, kann sie ein leichtes Hinken nicht vermeiden. Es braucht einige Kilometer, bis sie in einen einigermaßen normalen Laufrhythmus findet.

Wir haben heute wieder eine Riesentour von ca. 30 Kilometern vor uns. Der Weg verläuft zunächst gemächlich bergab und führt nach 5 Kilometern zu den gewaltigen Ruinen des ehemaligen Klosters Convento de San Juan. Er geht mitten durch die Reste des alten Kirchenschiffs. Die Sonne scheint gerade mystisch durch die Rosette der noch stehenden Frontseite und taucht die Reste des alten Gebäudes in hell glänzendes Licht. In einer anderen noch erhaltenen Mauer kann man die zwei Luken erkennen, in der in früheren Zeiten Mönche den dürstenden Pilgern Wein und Brot herausgereicht haben. Beides hätte uns jetzt auch gutgetan.

Nun geht es direkt auf die vor uns malerisch auf einer Bergkuppe liegende Burg von Castrojeriz zu. Sie stammt aus dem 10. Jahrhundert und ist nach dem Gotenfürsten Sigerich benannt (Castrum Sigerici). Am Fuß der Burg hat sich der gleichnamige Ort entwickelt, der in seinen mittelalterlichen Glanzzeiten vier große Kirchen und gleichviel Pilgerhospitäler aufweisen konnte. Gleich am Beginn des Städtchens befindet sich eine neu erbaute, sehr gepflegte Bar, dessen Inhaber sich wohltuend kompetent und freundlich um seine Gäste kümmert. Wir bestellen uns ein ordentliches Frühstück und obwohl das Haus gut besucht ist, dauert es keine 10 Minuten, bis uns alles serviert wird.

Nach der erfrischenden Pause marschieren wir weiter und müssen den steilen Anstieg auf den Alto de Mostelares hinauf. Dabei begegnen wir einem blinden Pilger, der mit einem Blindenhund unterwegs ist. Wir staunen, mit welchen Behinderungen Menschen auf dem Camino unterwegs sind und fragen uns, wie er allein mit seinem treuen Gefährten die ganzen Schwierigkeiten einer solchen Wanderung meistern kann. Oben auf dem 910 Meter hoch gelegenen Pass befindet sich ein schöner Rastplatz, von dem man eine grandiose Rundsicht auf die umliegenden Landschaften bis hin zu noch schneebedeckten Berggipfeln in der Ferne genießen kann. Wir nutzen die Gelegenheit zu einer kleinen Trinkpause und unterhalten uns dabei mit einer Italienerin aus Mailand. Sie ist allein unterwegs und läuft während ihres Jahresurlaubs immer eine Teilstrecke des Jakobsweges. Sie bedauert sehr, dass sie heute ihre letzte Tagestour hat, da ihr Urlaub zu Ende geht.

So steil wie der Anstieg ist jetzt auch der Abstieg, allerdings mit dem Unterschied, dass der Weg bergauf schleifenförmig verläuft und als normaler Bergpfad angelegt ist, während der Weg vor uns als Betonpiste schnurstracks nach unten geht. Keine Ahnung, was das mit dem Beton mitten in der Pampa soll, er ist auf jeden Fall nicht wanderfreundlich. Ich laufe also vorsichtig mit massiver Unterstützung meiner Stöcke den harten Betonweg hinunter und merke schon nach den ersten 100 Metern, dass sich bei mir ein altes Leiden wieder einstellt, vor dem ich seit Jahren Ruhe hatte. Mein linkes Knie beginnt immer stärker mit einem pochenden Schmerz zu protestieren. Vor vielen Jahren musste ich mir den Innenmeniskus entfernen lassen und genau an der Stelle beginnt jetzt das fiese Stechen.

Wir bringen diesen unsinnig steilen Betonweg, der auch Elkes rechtem Fuß nicht gerade guttut, hinter uns und kommen wieder auf flaches Gelände. Bei der Ermita de San Christobal machen wir erneut Rast, damit sich unsere Beine etwas erholen können. In dieser uralten Ermita ist eine Albergue untergebracht. Das Innere besteht aus einem einzigen großen Raum, in dessen Mitte ein riesiger, ungefähr 10 Meter langer Tisch mit Stühlen steht. Am östlichen Ende der Ermita befindet sich der Chorraum mit Altar, am westlichen ist eine Empore eingebaut, die über eine Innentreppe zu erreichen ist, auf der sich ein Matratzenlager für ungefähr 10 Personen befindet, das zum größten Teil schon belegt ist.

Unten im Saal steht entlang der dicken Steinmauern nochmals eine ganze Anzahl von Doppelbetten, die aber noch alle frei zu sein scheinen. Die Sanitäreinrichtungen sind außerhalb der alten Einsiedelei in einer einfachen Baracke untergebracht, doch alles ist sehr sauber und funktioniert. Betrieben wird die Albergue von ehrenamtlichen Helfern, die alle Pilger, die vorbeikommen und hereinschauen, zu einem Kaffee samt Keksen einladen. Trotz der warmen Frühlingssonne ist es hier drinnen erstaunlich kalt und wir erfreuen uns an dem warmen Kaffee. Übernachten wollten wir in der Ermita nicht, denn wenn es einen schon tagsüber hier fröstelt, wie kalt muss es dann erst bei Nacht sein, zumal es keine Heizung gibt? Beim Hinausgehen sehen wir zum letzten Mal den Ex-Banker Ken, der tatsächlich die Nacht in dem Gemäuer verbringen will.

Wir laufen nur zwei weitere Kilometer und legen in einer Bar in Itero de la Vega wieder eine Pause ein. Ich muss mein pochendes Knie entlasten und nutze diese Gelegenheit, meine Kniebandagen, die ich vorsichtshalber mit auf die Reise genommen habe, aus dem Rucksack zu holen und anzulegen. Wir bestellen Bier und Bocadillos, um uns für den noch vor uns liegenden Weg zu stärken. Die Kniebandage hilft mir tatsächlich, die restlichen 10 Kilometer bis nach Boadillo del Camino zu überstehen. Schon am Anfang des Ortes befinden sich mehrere Pensionen und ich muss mich auf deren Namen konzentrieren, um die unsere ausfindig machen zu können. Unversehens stolpere ich dabei über einen Bordstein, den ich völlig übersehen habe. Ich wedle mit den Armen, um das Gleichgewicht zu halten und das Schlimmste zu verhindern, doch vergebens, mein schwerer Rucksack folgt unmittelbar den Fallgesetzen und zwingt mich rücksichtslos zu Boden. Mit einem hörbaren Plumps schlage Ich wie ein voller Kartoffelsack auf der Straße auf und bleibe dort erst mal vorsichtshalber liegen, um zu prüfen, ob an mir noch alles heil geblieben ist. Ich habe Glück im Unglück, rappele mich schwerfällig wieder auf und sehe mich nach Elke um, die starr vor Schreck stehen geblieben ist. Ich versichere ihr, dass alles in Ordnung ist und wir weiterlaufen können, sie lässt sich aber nur schwer überzeugen, zu sehr ist ihr der Schrecken in die Glieder gefahren. Sie hat uns schon auf dem Nachhauseweg gesehen. Doch außer meiner aufgeschürften Hose und aufgeschlagenen Knien ist alles okay. Wir finden dann auch relativ schnell das Hotel, bekommen dort ein schönes, großes und helles Zimmer mit direktem Blick auf die romanische Kirche und die davor stehende gotische Gerichtssäule.

Nachdem wir geduscht und die Wäsche erledigt haben, müssen wir uns um unsere lädierten Körperstellen kümmern. Elke schmiert sorgsam ihren geschwollenen Fuß ein und übergibt dann mir das Schmerzgel, damit ich mir meine Schultern und nun auch noch die beiden Knie eincremen kann. Das wird nun jeden Morgen und Abend wiederholt. Da die Salbe dafür nicht mehr lange ausreichen wird, müssen wir demnächst zwei große Tuben nachkaufen.

Das Hotel bietet trotz großem Speisesaal keine Mahlzeiten an, deshalb gehen wir zum Abendessen in die gegenüberliegende Albergue. Diese befindet sich auf einem großzügig und schön angelegten Gelände mit Swimmingpool, um das sich gleichförmige kleine Häuser für die Unterbringung der Pilger reihen. Diese liegen noch in der warmen Spätnachmittagssonne im Gras oder sitzen auf Bänken und plaudern. Alle warten auf den Beginn des Abendessens, das wie üblich ab 19.00 Uhr ausgegeben wird. Kurz vor Essensbeginn gehen wir zum Speisesaal, der sich im Hauptbau, einer alten Villa, befindet, bei der eine grundlegende Renovierung dringend notwendig wäre. Doch dort herrscht Massenandrang und alle Plätze sind schon besetzt.

„Nächste Essensausgabe in einer Stunde, dann ist Schichtwechsel", erklärt uns der Hauswirt mit Bedauern, der seine wilde Afrolook-Frisur nur mühsam unter eine farbenfrohe Wollmütze gestopft hat. Also vertreiben wir uns die Zeit nochmal im Garten, um dann wieder pünktlich zur Stelle zu sein. Dieses Mal klappt es und wir setzen uns neben zwei nette, ältere Damen aus Frankreich, Claire und Brigitte. Nun geht alles ruck-zuck. Überraschend schnell bringen der Chef und sein junger Gehilfe das Essen auf den Tisch, das krasse Gegenteil der „Schlafmannschaft" von gestern in Hontanas. Der Hauswirt schlängelt sich wie ein Tänzer mit eleganten Bewegungen durch die eng stehenden Tische und spricht dabei jeden Pilger in seiner Muttersprache an, wechselt ohne Luft zu holen ins Englische, Französische,

Deutsche und in noch weitere Sprachen, ein wahres Sprachgenie. Wie er dabei die Nationalität seiner Gäste erkennt, bleibt sein Geheimnis. Über die Qualität des Essens können wir nicht meckern und der Wein ist auch recht gut. Beim Hinausgehen treffen wir auf drei Camino-Bekannte: die rothaarig gelockte Angela aus Regensburg und Bettina, mit halblangen brünetten Haaren, beide Anfang 30, aus Berlin. Im Schlepptau haben sie Martin. Unsere Frage, ob er hier übernachten wolle, verneint er und sagt, dass er heute draußen schlafen müsse, da er nicht genügend Geld zusammenbekommen habe und außerdem die Albergue voll belegt sei. Wir geben ihm zu bedenken, dass es dafür zur Zeit doch wohl zu kalt sei und seine beiden Begleiterinnen meinen, er könnte eventuell im Vorraum ihres Häuschens schlafen, da stünde ein Sofa und es werde sich wohl niemand daran stören. Ich hebe den Zeigefinger und sage ihnen augenzwinkernd mit betont strenger Stimme: „Okay, dann seid ihr Beide heute Nacht für ihn verantwortlich. Es wäre doch schade, wenn unser Jongleurmeister draußen erfrieren müsste. Ich verlasse mich auf euch, dass alles klappt!" Sie lachen und nicken gehorsam mit den Köpfen.

(Weg zum Alto de Mostelares mit Blick auf die Berge
Kastiliens, Originalgröße: 30 x 40 cm, Acryl)

Villalcázar de Sirga - 2.5.2018

Eigentlich wollten wir heute etwas später aufstehen, da unsere Tagestour nur gut 20 Kilometer beträgt. Aber gegen 5.30 Uhr beginnt es in der Albergue schon zu lärmen. Laute Gesänge und Geschrei im dortigen Speisesaal verdrängen jeden Gedanken ans Weiterschlafen. Also machen wir uns auch wanderfertig, verzichten auf ein Frühstück in der lauten Albergue und begeben uns gegen 6.00 Uhr auf die Strecke. Es ist wieder kalt und windig. Elke humpelt mit ihrem wehen Fuß, aber mit jedem Kilometer findet sie mehr und mehr in ihren Laufrhythmus. Bald ist ihr kaum noch etwas anzumerken. Nach gut einer Stunde gehen wir in eine Bar, die schon geöffnet hat und voller hungriger Pilger ist. Dort treffen wir Angela und fragen, ob sie ihre Hausaufgaben gemacht habe. Nach einigem Überlegen versteht sie die Frage und antwortet, dass Martin tatsächlich auf dem Sofa übernachten durfte und vom Chef der Albergue sogar noch ein Frühstück spendiert bekommen habe. Er sitze draußen vor der Tür bei ihrer Freundin. Beim Verlassen der Bar treffen wir alle dort noch an und erkundigen uns nach ihrem Befinden. Martin zeigt sich sehr zufrieden über seine neuen Begleiterinnen und wir freuen uns für ihn, obwohl das etwas angestrengte Lächeln der beiden Damen uns nicht ganz überzeugt.
Da wir es heute nicht eilig haben und unsere mitgenommenen Gliedmaßen etwas schonen wollen, machen wir öfters Rast. Gegen Mittag kommen wir an eine Bar, die inmitten einer großen Wiese liegt, auf der die einzelnen Tische weit verstreut stehen. Dazwischen tummeln sich freilaufende

Gänse, Katzen und ein gutmütiger Hund. Auch zwei Esel trollen herum, die immer wieder zu den Gästen kommen, um sich von ihnen kraulen zu lassen.

Wir setzen uns an einen freien Tisch und holen an der Theke Getränke und Sandwiches. Plötzlich taucht Martin auf und jongliert vor uns mit seinen Bällen. Wir geben ihm wie immer ein Trinkgeld und unterhalten uns mit ihm. Danach zieht er sich in einen anderen Teil des Gartens zurück, um auch dort sein Können zu präsentieren. Mittlerweile ist es früher Nachmittag und die Sonne heizt richtig ein, so dass die Temperatur schon nahe an 30 Grad heranreicht. Wir wandern weiter und erreichen gegen 14.30 Uhr unsere Unterkunft in Villalcázar de Sirga. Es ist eine umgebaute Villa aus dem 19. Jahrhundert, von außen schön anzusehen, mit gepflegtem Garten und herrschaftlichem Eingangsbereich. In unserem Zimmer aber steht ein uraltes Bett mit durchgelegenen Matratzen; das muffelige Bad ist renovierungsbedürftig. Wir machen uns frisch, wechseln die Kleidung und ziehen wie immer nach dem Wandern bequeme, luftige Sportschuhe an. Danach gehen wir in das nur knapp hundert Meter entfernt liegende Restaurant, zu dem unsere Unterkunft gehört. Die Bedienung, eine hagere, sehr genervt wirkende Frau Anfang 40, lässt sich extrem viel Zeit, um die Bestellung am Tresen aufzunehmen. Auch das Servieren dauert wesentlich länger als üblich. Um der Dame aus dem Blickfeld zu gehen, begeben wir uns nach außen an einen Tisch. Dort treffen wir andere Pilger, die wir schon kennen und tauschen mit ihnen unsere Erfahrungen aus.

Genau gegenüber erhebt sich eine mächtige ehemalige Templerkirche, die in unserem Reiseführer als unbedingt sehenswert empfohlen wird und immer nachmittags geöffnet sein soll. Aus der geplanten Besichtigung wird aber nichts, da die Türen fest verschlossen bleiben und so müssen wir auf die angeblich hervorragenden Kunstschätze der Santa Maria la Blanca verzichten. Als Alternative unternehmen wir einen etwa einstündigen Spaziergang durch den Ort, der aber sonst keine weiteren Sehenswürdigkeiten zu bieten hat. Da es hier keine andere Gaststätte zu geben scheint, müssen wir zum Abendessen wieder in das Restaurant mit der unfreundlichen Bedienung. An einem Nebentisch sitzen die beiden Französinnen, die wir gestern kennengelernt haben, zwischen ihnen eine jüngere Frau, die blind ist. Claire stellt sie vor und erklärt, dass sie und Brigitte mit der blinden Verwandten den Camino gehen, wobei sie sich jeden Tag abwechseln: Eine von ihnen fährt das Auto mit dem Gepäck zur nächsten Unterkunft und die Andere führt die blinde Frau. Wir gratulieren allen drei Damen zu dieser tollen Idee und wünschen ihnen gutes Gelingen.

Calzadilla de la Cueza - 3.5.2018

Es war mal wieder eine ruhige Nacht und wir stehen um 6.30 Uhr auf. In unserem Zimmer ist es extrem feucht, sogar unsere Bettdecken fühlen sich irgendwie klamm an. Als wir im Bad nachsehen, trifft uns fast der Schlag. Dort drin sieht es so aus, als habe die Feuerwehr gerade einen Übungseinsatz hinter sich gebracht. Es tropft von der Decke und die Wände sind triefendnass, von dem großen Badespiegel kann man nichts mehr sehen und der Boden ist eine einzige Pfütze. Das Haus hat ein massives Feuchtigkeitsproblem und muss von unten her völlig durchnässt sein, zudem verfügt das Bad über keinerlei Belüftungsmöglichkeit, ein architektonisches Totalversagen, das aber jetzt nicht unser Problem ist.

Gegen 7.30 Uhr ziehen wir bei nachlassendem Morgengrauen los. Auf das Frühstück, das zwar im Zimmerpreis inbegriffen ist, verzichten wir, da es erst ab 8.00 Uhr serviert wird, für Pilger einfach zu spät. Nach gut einer Stunde erreichen wir das 5 Kilometer entfernt liegende Carrion de los Condes, ein kleines Städtchen, in dem besonders das Kloster San Zoilo aus dem 11.Jahrhundert auffällt, das zum Luxushotel umgebaut worden ist. Ganz in der Nähe befindet sich ein schönes Café, in das wir einkehren, um unser Frühstück nachzuholen und genehmigen uns ein reichhaltiges Mahl mit Brötchen, Marmelade, Käse, Schinken und richtig gutem Kaffee. Anschließend gehen wir in einen kleinen Laden, um unsere Rucksackvorräte aufzufüllen, denn vor uns liegt eine 17 Kilometer lange Strecke ohne irgendeine Möglichkeit, sich zu verpflegen oder Getränke zu kaufen. Und dieser Weg ist wirklich eine Herausforderung, nicht wegen irgendwelcher schwieriger Passagen, sondern wegen der Eintönigkeit. Er verläuft immer schnurgerade, ewig lang durch Getreidefelder und Brachland, immer an beiden Seiten begrenzt durch Bewässerungskanäle. Kein Baum, kein Busch, hinter den man sich mal hätte setzen können, keine sonstige Sitzgelegenheit, keine Häuser, gar nichts außer diesem langweiligen Weg. Um unsere Pausen nicht im Stehen verbringen zu müssen, setzen wir uns einfach auf den Boden. Es ist die ödeste Strecke auf dem ganzen Camino. Dass sie entlang der alten römischen Via Aquitana führt, ist uns auch kein Trost. Andere Pilger, mit denen man sich zur Abwechslung hätte unterhalten können, sind nicht unterwegs.

Laut unserem Wanderführer müsste eigentlich langsam der Glockenturm von Calzadilla de la Cueza zu sehen sein, den man angeblich schon kilometerweit vorher erkennen kann. Aber entweder sind unsere Augen von dem staubigen Wind, der uns ständig in Gesicht weht, trüb geworden oder der Turm ist irgendwann zusammengebrochen. Nach einer gefühlten Ewigkeit machen wir in der Ferne einen Turm aus und wähnen uns schon dem Ziel nahe. Beim Näherkommen entpuppt sich dieser aber als schnöder Wasserturm. Enttäuscht ziehen wir weiter, immer geradeaus.

Als wir schon fast alle Hoffnung aufgeben wollen, liegt unser Zielort schlagartig vor uns, wie Hontanas in einer Senke versteckt. Wieso man den Kirchturm schon von Weitem hätte sehen müssen, bleibt schleierhaft. Doch wir sind heilfroh, in diesem Kaff, das genauso langweilig ist wie der Weg dorthin, eine Unterkunft gebucht zu haben. Diese liegt unmittelbar am Ortsanfang und erscheint nicht so übel. Der Hauswirt steht lächelnd an der Eingangstür, so als ob er schon stundenlang auf uns gewartet hätte, und übergibt uns die Schlüssel.

Das Zimmer ist wieder sehr klein mit einem winzigen Bad, aber immerhin sauber. Das ganze Haus ist in der Mitte über alle drei Stockwerke bis zum Dach hin offen gestaltet, von den ringsum laufenden Gängen, über die man die einzelnen Zimmer erreicht, hängen meterlang Schlingpflanzen durch die Brüstungen nach unten und geben dem Ganzen ein mediterranes Ambiente. Nach dem obligatorischen Duschen, Waschen und Eincremen holen wir uns an der Hotelbar Getränke, Erdnüsse und Oliven und verzehren alles vor dem Haus in der noch warmen Spätnachmittagssonne. Das abendliche Essen in diesem abgelegenen Hotel ist erstaunlich gut und reichlich, der Hauswein dagegen nichts für empfindliche Mägen. Ich nehme mir deshalb vor, in den nächsten Tagen auf Hausweine zu verzichten.

Sahagun - 4.5.2018

Die Nacht war mal wieder furchtbar. Der Wind, der gestern tagsüber unser ständiger Begleiter war, hatte sich in den späteren Stunden zu einem bösartigen Sturm entwickelt, der immer heftigere Böen fauchend gegen das alte Gemäuer rammte, in dem wir übernachteten. Die zugigen Fenster und lockeren Türen klapperten ein nervenzehrendes Polterkonzert, das rohe Gebälk knackte dazu und gab in unregelmäßigen Abständen eine Art Paukenschlag von sich, um aufgestaute Spannungen abzubauen. Es wäre eine ideale Nacht gewesen, um in diesem Hostal einen Gruselfilm zu drehen. Wir stehen wie gerädert um 6.00 Uhr auf, nehmen das für spanische Verhältnisse gute Frühstück zu uns und machen uns auf die Strecke.

Draußen beginnt die aufgehende Sonne die frostige Kälte der Nacht zu vertreiben und ein Kuckuck lässt wieder lauthals seinen Ruf erschallen. Der Sturm hat sich beruhigt und kommt nur noch als strammer Wind daher. Ein perfekter Tag zum Wandern. Beim Verlassen des Dorfes fällt der Blick auf ein Schild, das an einer alten Scheunenwand angebracht ist, mit der Aufschrift: *A Santiago 401 km!* Kaum zu glauben, wir haben schon die Hälfte des Weges geschafft; wenn das kein Grund zur Freude ist. Darauf wollen wir bei unserer nächsten Rast in einer Bar anstoßen. Das machen wir auch im 6 Kilometer entfernt liegenden Ledigos. Der Weg ist heute wesentlich abwechslungsreicher als gestern, er schlängelt sich durch hügeliges Land und das Laufen macht wieder mehr Spaß.

Nach weiteren 6 Kilometern kommen wir nach Moritanos, an dessen Anfang sich unnatürlich wirkende Erdhügel erheben, aus denen schornsteinartige Röhren herausragen. Wir wollen der Sache auf den Grund gehen und steigen den Schotterpfad hinauf, der zu den Hügeln führt. Von diesem Pfad führen einzelne Zugänge zu Eingangstüren, die in den Hang hineingebaut sind. Die meisten von ihnen sind verrammelt und wahrscheinlich nicht mehr funktionsfähig, andere hingegen gut erhalten oder neu renoviert. Vor einem solchen Eingang steht ein Spanier und fragt, ob wir sein ‚Erdhaus' besichtigen wollen. Natürlich wollen wir das und folgen ihm in die unterirdisch angelegte Wohnung. Der Gang hinein ist ungefähr 10 bis 15 Meter lang, von ihm zweigen einzelne Räume ab, die an alte Kellergewölbe erinnern und zum Teil durch Türen abgetrennt, größtenteils aber offen sind. Im hintersten Raum, der mit gut 10 Quadratmetern am größten ist, befindet sich eine gemütliche Sofaecke mit moderner Musikanlage, aus der leise romantische Salonmusik erklingt. In einem anschließenden Seitenraum steht ein großer dunkelbrauner Esstisch mit 6 passenden Stühlen, alles im traditionellen spanischen Stil, daneben sind eine Küchenzeile und ein Getränkedepot untergebracht. Alles wirkt sehr sauber und gepflegt. Der Besitzer erklärt uns, dass entgegen der üblichen Meinung, hier hätten früher Leute gelebt, diese ‚Erdhäuser' nichts anderes als Lagerräume für Wein gewesen seien, um diesen vor der Sonne schützen und kühl lagern zu können. Ihm diene seines auch nur als Wochenendhaus in den heißen Sommermonaten, um sich vor der oft unerträglichen Hitze zurückziehen zu können. Wir bedanken uns und gehen weiter in die jetzt wirklich beginnende Mittagshitze hinein. Mitten in der Pampa entdecken wir in einer Wiese ein Plakat, auf dem steht: Sokrates said: „I know that I know nothing. But I know, that the next Bar on the left side is the best Bar I have ever been!" Wir lachen und finden den Spruch irgendwie witzig. Tatsächlich taucht nach der nächsten Wegbiegung ein Dorf vor uns auf, San Nicolas del Real Camino. Eine Bar links ist dort aber nirgendwo auszumachen. Schade, wir hätten gern nachgeprüft, ob der Pseudo Sokrates wirklich Recht hat. Also gehen wir zu der Bar, die sich auf der rechten Seite befindet und einen ordentlichen Eindruck macht. Ich bestelle 2 kleine Bier und ein großes Bocadillo. Als ich bezahlen will, vergeht mir aber schlagartig der Appetit. Die Rechnung hätte nach unseren bisherigen Erfahrungen maximal 6,- bis 7,- Euro ausmachen dürfen, der Wirt verlangt aber 14,- Euro. Ich lasse mir eine Speisekarte geben, suche jedoch vergeblich nach einem Preis. Von einer Preisauszeichnungspflicht scheint man hier noch nichts gehört zu haben. Also zahle ich widerwillig, lege aber selbstverständlich kein Trinkgeld bei und nehme mir vor, in Zukunft immer zuerst nach dem Preis zu fragen, wenn dieser nicht angegeben sein sollte, bevor ich bestelle.

Nach ungefähr einer Stunde Marsch kommen wir zur Ermita Virgen del Puente (Jungfrau zur Brücke), die wir über eine mittelalterliche Steinbrücke erreichen. Die romanische Kapelle ist aus Ziegeln gemauert und weist deutlich maurischen Einfluss auf. Sie steht inmitten einer riesigen Wiese, auf der weit verstreut Tische und Sitzbänke aus Stein aufgebaut sind, ein seltener Komfort für Wanderer. Wir machen dort Bekanntschaft mit dem 63jährigen Jesus aus Mexico. Er erzählt uns, dass er genau vor 10 Jahren in einem Magazin einen Bericht über den Jakobsweg gelesen und der ihn stark beeindruckt habe. Er sei ihm nicht mehr aus dem Kopf gegangen. „And this year", fügt er mit großem Nachdruck an, „this year the Camino has called me!" (dieses Jahr hat mich der Camino gerufen!). Deshalb habe er sich auf den Weg gemacht, um trotz seiner Knieprobleme den Jakobsweg zu gehen. Er brauche jeden Tag zwei bis drei starke Schmerztabletten, um das Laufen erträglich zu halten und zeigt mir dabei seine beiden Kniebandagen und seine Rückenbandage. Ich kremple daraufhin auch meine beiden Hosenbeine und meine Jacke hoch und zeige ihm, dass ich die gleichen Bandagen trage. Wir lachen und klopfen uns gegenseitig auf die Schulter. „Well, we're old men and have the same problems", sage ich ihm, „but we'll make it!" (Wir sind halt alte Männer und haben die gleichen Probleme, aber wir werden es schaffen!). Jesus erklärt daraufhin freimütig, dass sein Name für ihn selbstverständlich eine Verpflichtung sei und, so gibt er sich überzeugt, „I'm shure, I'll meet him on the way!" (Ich bin sicher, dass ich ihn auf dem Weg treffen werde!).

Bald darauf erreichen wir Sahagun, einst eine der mächtigsten Städte des Jakobsweges mit großen Kirchen, Hospitälern und einem einflussreichen Benediktinerkloster, dem über 60 andere Klöster und Abteien unterstanden. Heute ist es nur noch eine Kleinstadt mit rund 2600 Einwohnern und das einst bedeutende Kloster eine Ruine. Zwar gibt es hier neben zwei mittelalterlichen Kirchen noch mehr historische Gebäude, die uns aber nicht auffallen oder gut versteckt sind. Durch ein schnödes Industriegebiet und mit eintönigen Wohnblöcken eng bebauten Straßen gelangen wir in das Zentrum auf der Suche nach unserer Unterkunft. Da wir sie nicht finden können, fragen wir kurzerhand einen Einheimischen. Er erkennt an unserem schwerfälligen Spanisch sofort, woher wir kommen und erklärt uns im perfekten Deutsch, wie unser Hostal zu finden sei. Da er sich sowieso gerade auf dem Weg zu seiner Arbeitsstelle befände, die in der Nähe unseres Hostals sei, erklärt er sich bereit, uns dorthin zu führen.

Dabei berichtet uns der Mittdreißiger, dass er in Hannover geboren und aufgewachsen ist, es ihn aber der Liebe wegen vor 10 Jahren hierher verschlagen habe. Er würde eigentlich gern nach Deutschland zurück, schon allein wegen der wirtschaftlichen Verhältnisse, aber seine Frau und sein mittlerweile 7 Jahre alter Sohn würden Sahagun nicht verlassen wollen. „Dabei hätten wir es in Deutschland doch wesentlich besser", meint er und es schwingt eine spürbare Traurigkeit in seiner Stimme mit. Mittlerweile haben wir unser Ziel erreicht, ein kleines Haus in einer Geschäftsstraße, und er verabschiedet sich mit: „So ist halt das Leben" und einer Geste des Bedauerns.

Das Kleinhotel hat nur wenige Zimmer, die zudem sehr eng und dunkel sind, da die Fenster alle in einen Hinterhof hinausgehen. Unser Bad misst maximal 3 Quadratmeter, in die eine enge Dusche nebst Toilette und einem Miniwaschbecken hineingedrückt worden sind.

Aber wir haben ein anderes Problem: Trotz vielfacher Versuche konnten wir für die nächste Etappe keine Unterkunft mehr finden. Also gehen wir zur nahe gelegenen Touristeninformation in der Hoffnung, dort Hilfe zu erhalten.

Man legt uns aber nur die Unterkunftsliste vor, die wir schon erfolglos durchgegangen sind. Das Beste sei daher, so klärt uns die Dame an der Auskunft auf, dass wir mit dem Zug direkt von Sahagun nach Leon fahren, der Bahnhof sei auch gleich um die Ecke. Wir überlegen uns diesen Vorschlag genau und kommen dann zum Schluss, dass uns gar nichts anderes übrig bleibt, denn aufs Geradewohl irgendwo nach einer Übernachtungsmöglichkeit zu suchen mit dem großen Risiko, keine zu finden, das wollen wir uns nicht mehr antun. Dazu kommt, dass Elkes noch immer stark angeschwollenem Fuß und meinen schmerzenden Knien eine Erholungsphase sicherlich sehr guttun würde. Und unser Reiseführer schlägt sinnigerweise ebenfalls vor, die letzte Strecke nach Leon mit dem Bus zu fahren, da sie hauptsächlich entlang einer Nationalstraße führt und daher sehr laut und monoton sei. Zudem müsse man durch riesige Industriegebiete laufen, um ins Zentrum der Stadt zu gelangen. Also geben wir der Vernunft Vorrang und entschließen uns, am nächsten Morgen den ersten Zug nach Leon zu nehmen. Um solche Schwierigkeiten künftig zu vermeiden, buchen wir per Handy alle Unterkünfte bis Santiago vor.

Nach einem Rundgang durch den eher langweiligen Ort nehmen wir in einem kleinen Lokal am Stadtrand gegenüber dem antiken Stadttor auf der noch sonnenbeschienenen Außenterrasse ein Abendessen zu uns.

León - 5.5.2018

Die vergangene Nacht war ein Martyrium. Nicht nur, dass die Zimmer hier winzig klein sind, sie sind zudem extrem hellhörig. Unserer Vermutung nach bestehen die Zwischenwände nur aus einer einfachen Bretterwand ohne jede Schallisolierung. Wir bekamen jede Lautäußerung unseres Zimmernachbarn so mit, als ob wir uns unmittelbar in seinem Zimmer befunden hätten. Nachdem er stundenlang telefoniert hatte, schaltete er um 2.00 Uhr morgens seinen Fernsehapparat ein, um über 2 Stunden irgendeinen englischen Sender laufen zu lassen. Dann herrschte endlich Ruhe, doch das nützte uns nicht mehr viel. Wir fanden nur noch schwer in einen unruhigen Schlaf und stehen kurz nach 6.00 Uhr wie gemartert auf, denn laut der Auskunft unseres Hauswirts soll die kleine Bar nebenan bereits um 7.00 Uhr aufmachen. Wir sind pünktlich da, aber der Betreiber nicht. Wir warten gut 15 Minuten und haben dann die Nase voll von der spanischen Pünktlichkeit und trotten in Richtung Bahnhof in der Hoffnung, unterwegs noch irgendwo ein Frühstück einnehmen zu können. Es gibt zwar auf dem Weg einige Lokale, aber alle haben noch geschlossen. So kommen wir schon um 7.30 Uhr am Bahnhof an, dessen Wartesaal wenigstens geöffnet ist. Der Fahrkartenschalter wird laut Aushang um 8.00 Uhr aufmachen, danach bleibt noch genug Zeit, um die Tickets zu kaufen, da der Zug erst um 8.50 Uhr abfahren soll. Nach und nach kommen immer mehr Pilger in den Bahnhof und kurz bevor der Schalter offiziell aufmachen soll, sind es bereits rund 20 Personen. Wir sind also nicht die einzigen Pilger, die sich für die Zugfahrt entschieden haben, aus welchen Gründen auch immer. Die offizielle Öffnungszeit ist schon vorbei, aber nichts tut sich. Wir warten 10 Minuten, 20, 30 Minuten – immer noch nichts. Kurz nach 8.30 Uhr kommt der Schalterbeamte gemütlich angeschlendert und öffnet ohne jeden Kommentar oder irgendeine Art von Begrüßung die Trennscheibe am Schalter. Die Leute, es sind inzwischen rund 30 geworden, werden bereits unruhig, da alle noch Karten kaufen müssen und die Restzeit bis zur Einfahrt des Zuges bedrohlich knapp wird. Aber der Mann hinter der Scheibe ordnet in aller Seelenruhe seine Sachen und erst als jemand in Spanisch seinem Ärger Luft macht, wendet er sich ohne jede Nervosität den Wartenden zu, um sie endlich mit den notwendigen Tickets zu versorgen. Der Zug fährt bereits ein und Nervosität steigt in uns auf, da wir immer noch nicht an der Reihe sind. Doch wir bekommen noch rechtzeitig unsere Karten, wie die anderen Leute hinter uns auch, da der Zug länger als vermutet wartet.

Wir steigen hastig ein, kurz danach schließen auch schon die Türen und der Zug setzt sich in Bewegung. Nach gut einer Stunde kommt er in León an. Es ist wieder herrliches Frühlingswetter und die Sonne scheint schon warm vom Firmament. Durch verkehrsreiche und menschenvolle Geschäftsstraßen geht es ins Zentrum der Stadt. Bei einer Bar mit großer Sonnenterrasse lassen wir uns nieder, um unser Frühstück endlich nachzuholen.

Gleich gegenüber befindet sich das berühmten Gaudi-Haus. Auf der Straße davor beginnt es laut zu werden. Ein Protestzug mit mehreren Hundert Teilnehmern zieht mit ohrenbetäubendem Getöse durch die Stadt, überragt von unzählige Plakate und Gewerkschaftsfahnen. Wir bestellen uns noch zwei kleine Bier, die uns der Wirt mitsamt zwei Brötchen serviert, eine Aufmerksamkeit des Hauses, so wie es hier im Norden Spaniens üblich ist.

Es ist schon Mittag geworden und Zeit, sich auf den Weg zum Hotel zu machen, das ca. 3 Kilometer vom Stadtzentrum entfernt auf einem Hügel liegt. Der Weg führt entlang vollgestopfter Straßen immer bergauf. Unsere Unterkunft befindet sich genau gegenüber dem neuen Klinikzentrum. Es ist ein modernes Vier-Sterne-Hotel, eigentlich zu vornehm für Pilger.

Erstaunlicherweise ist es auch nicht teurer als die weniger klassifizierten Hotels im Zentrum. Unser Zimmer ist großzügig gestaltet, mit schöner Aussicht auf die Hügel ringsherum, großen, bequemen Betten und das Bad der wahre Luxus, den wir auch gleich ausgiebig nutzen. Gut, dass wir hier drei Übernachtungen gebucht haben, um genügend Zeit zur Erholung zu haben.

Wir machen deshalb zuerst eine Siesta, um das Schlafdefizit der vergangenen Nacht etwas auszugleichen. Anschließend ziehen wir nochmal in die Stadt, um notwendige Besorgungen zu machen. In der nächstgelegenen Farmacia kaufen wir eine weitere große Tube Schmerzgel, da die anderen schon fast ganz aufgebraucht sind. Außerdem brauchen wir nochmals neue Wandersocken.

Dazu gehen wir in ein spezielles Geschäft für Pilger, das wir im Gewimmel der Altstadtgassen zufällig entdeckt haben. Und da der Wetterbericht für die kommenden Tage noch heißere Temperaturen angekündigt hat, nehme ich einen breitkrempigen Wanderhut mit, denn meine Baseballmütze schützt doch nicht genügend vor dem intensiven Sonnenschein des Südens. Weil wir einfach noch zu erschlagen sind, machen wir uns alsbald wieder auf den Heimweg.

Das Abendessen nehmen wir in einer Cafeteria ein, die sich gleich neben unserem Hotel befindet und eigentlich zum Klinikum gehört, aber für jedermann offensteht. Dort gibt es zwar kein Pilgermenü, dafür aber leckere und preiswerte Salate.

Am Abend schauen wir mal wieder fern, einen kitschigen Schwarz-Weiß-Western aus den 50ern, bei dem wir zwar nicht viel verstehen, aber die simple Handlung verlangt das auch nicht. Der Schlaf übermannt uns sowieso alsbald. Um Mitternacht wache ich nochmal auf, weil irgendwo ein farbenprächtiges Feuerwerk abgebrannt wird, das ich vom Fenster aus fasziniert betrachte. Elke ist schon so tief im Traumland versunken, dass sie nichts davon mitbekommt.

León - 6.5.2018

Wir haben herrlich geschlafen und ausführlich das leckere Frühstück genossen. Heute ist Sonntag und vor uns liegt ein freier Tag. Gegen 10.00 Uhr laufen wir in die Stadt. Ohne Rucksack fühlen wir uns leicht und beschwingt. Es herrscht ideales Wetter, um die Highlights von León anzusehen. Der Name der Stadt kommt vom lateinischen 'legion', weil hier im 1. Jahrhundert n.Ch. die 7. Legion Gemina stationiert war, wovon noch eine große Festungsanlage zeugt, der Ursprung der Stadt. Vom 10. bis zum 13. Jahrhundert, also zur Zeit der größten Jakobusverehrung, war sie Hauptstadt des christlichen Spaniens. Heute ist León eine quirlige Großstadt mit 135.000 Einwohnern, vielfältiger Industrie und eigenem Flughafen. Wir besuchen zuerst die berühmte gotische Kathedrale Santa Maria de Regla, betreten die Bischofskirche durch das Hauptportal und sind erstaunt über die Größe des Kirchenschiffs. Uns fasziniert das mystische Licht, das durch die noch aus dem Mittelalter stammenden hohen, bunten Kirchenfenster ins Kircheninnere dringt und den gesamten Raum in eine Farbkomposition von schier überirdischer Schönheit taucht. Wir lassen uns viel Zeit, um diese eindrucksvolle Stimmung intensiv aufnehmen zu können. Bemerkenswert ist neben all den anderen kulturellen Besonderheiten in diesem Gotteshaus vor allem die Statue der schwangeren Maria, die in Spanien besonders verehrt wird, während dieses Thema in Deutschland eher ein Tabu ist.

Nach gut zwei Stunden hochkonzentrierter Kulturbetrachtung wollen wir irgendwo einkehren, doch alle Cafés und Restaurants sind brechend voll. Überall sitzen Familienclans fröhlich beisammen und betüteln die Mütter und Omas. Heute muss Muttertag sein, weil viele junge und ältere Mamas in Plastikfolie eingepackte Rosensträuße bei sich tragen. Natürlich sende ich sofort per Handy auch meiner Mutter einen entsprechenden Gruß, um später zu erfahren, dass es in Deutschland erst eine Woche später so weit ist.

Danach steht das Palacio de los Guzmanes aus dem 16. Jahrhundert auf unserem Programm, auch prunkvoll und sehenswert. Damit ist unserem kulturellen Interesse für heute Genüge getan und wir schlendern noch etwas durch das sehr belebte historische Zentrum. Um der heißen Sonne zu entfliehen, kehren wir nochmals in einer schattigen Freiluft-Bar ein. Nach der Erfrischung gehen wir zurück ins Hotel, um uns ein Nickerchen zu gönnen. Der Schlafmangel der letzten Tage steckt doch noch arg in den Knochen.

Zum Abendessen machen wir es uns wieder einfach und verpflegen uns in der Klinik-Cafeteria, um den Rest des Abends vor dem Fernseher mit einem langweiligen Kinoklassiker der 60er Jahre zu verbringen, der wieder bestens geeignet ist zum frühen Einschlafen.

León - 7.5.2018

Heute steht nochmals Kultur auf dem Programm. Die Real Basilica de San Isidoro ist an der Reihe, die zu den herausragenden Bauten der frühen Romanik in Spanien gehört. Sie bildet neben der Kathedrale einen der Eckpunkte der römischen Stadtmauer, die noch zu großen Teilen erhalten ist. Die Kirche ist über der Gruft des heiligen Gelehrten Isidor von Sevilla erbaut, der auch der erste Bischof der Stadt gewesen ist. In der Basilica befindet sich das Pantheón Real, eine Grablege für Könige und hochstehende Adelige, ausgeschmückt mit filigranen Fresken, die in bunten Motiven Szenen aus der Bibel, der Natur und dem Alltagsleben der damaligen Zeit zeigen. Leider hat die spanische Kirchenführerin einen solch starken Akzent, dass es schwerfällt, ihr Englisch zu verstehen. Wir bekommen jedoch so viel mit, dass das bedeutendste Stück des Kirchenschatzes ein aus Gold und Edelsteinen gefertigter Kelch aus der Zeit Jesu ist und in Jerusalem hergestellt sein soll. Er wird in einem dunkel gehaltenen Raum ausgestellt, in dessen Mitte ein stark gesicherter Glaskasten steht, in dem sich das wertvolle Objekt dem Betrachter in dezentem Licht präsentiert.
Beim Verlassen der Basilica laufen uns Allen und Lisa aus Honolulu über den Weg, die wir vom Hotel ‚Ignatio' in Navarrete her kennen. Sie machen mit einer geführten Fahrradgruppe den Camino und scheinen sich über unser erneutes Zusammentreffen sehr zu freuen, doch sie haben nur wenig Zeit, da sich ihre Gruppe bereits zum

Weiterfahren fertigmacht. Zuvor wollen sie noch unbedingt unsere E-Mail-Adresse und laden uns herzlich zu sich nach Hawaii ein. Ob das mit einem Besuch jemals klappen wird, bezweifeln wir allerdings.

Weil die Sonne erneut zu Hochtouren aufläuft, suchen wir in einer Bar mit schöner Gartenlaube Schatten und Erfrischung und finden dort einen ruhigen Tisch neben einem Paar aus den USA. Der großgewachsene Mann ist gerade dabei, seine rot angeschwollenen Füße mit Eiswürfeln zu kühlen, die ihm die Bedienung in einem Plastikbeutel gebracht hat. Wir fragen, ob sie auch auf Pilgertour sind, was der lädierte Fuß nahelege. Sie sind es und wir kommen dabei natürlich ins Gespräch. Es sind Ken und Mary Keppler aus Montana, beide Mittfünfziger und schon im Ruhestand, weil sie in der US-Armee gedient haben. Während ihrer aktiven Zeit waren sie vier Jahre in Mannheim stationiert und sprechen deshalb noch ein paar Brocken Deutsch. ‚Dankeschön', ‚bitteschön' und ‚wunderbar' lassen sie immer wieder in unser Gespräch mit einfließen. Stolz weisen sie auf ihren deutschen Nachnamen und ihr ‚german heritage' (deutsches Erbe) hin. Auch sie geben sich davon überzeugt, Gott in allem und jedem zu begegnen, insbesondere in den Menschen, die sie auf dem Camino treffen. Und das sei, so betonen sie, das Schönste und Wichtigste auf dem Jakobsweg. Wir sind wieder mal erstaunt, mit welcher Offenheit und Selbstverständlichkeit die Amerikaner über ihre religiösen Vorstellungen reden und unterhalten uns über eine Stunde mit ihnen über Gott und die Welt und ziehen dann weiter, um noch notwendige Vorräte für den kommenden Wandertag zu besorgen.

In einem Supermercado ertappen wir Angela und Claudia dabei, wie sie sich kichernd eine Riesentüte mit bunten Süßigkeiten vollpacken und sich kindlich darüber freuen. Es gibt ein großes Hallo und da kann auch Elke nicht widerstehen und legt eine ganze Anzahl von Lakritzschnecken, Brausestengeln und anderen Süßwaren in ihren Einkaufskorb. Es ist doch immer wieder amüsant zu sehen, wie Damen sich von diesen bunten Spezereien verführen lassen. Wir plaudern mit unseren Caminobekannten noch eine längere Zeit und fragen dabei nach Martin, doch auch sie haben von ihm seit unserer letzten Begegnung nichts mehr gehört. Mit einer herzhaften Umarmung und dem Wunsch „wir sehen uns auf dem Weg" verabschieden wir uns. Wir werden ihnen aber nicht mehr begegnen.

Villadangos del Páramo - 8.5.2018

Die zwei Entspannungstage haben gutgetan, vor allem unseren lädierten Körperstellen. Wir sind wieder fit für den neuen Wandertag. Um 6.00 Uhr stehen wir auf und gehen auf die Strecke. Auf das gute Frühstücksbuffet wird verzichtet, da es erst ab 8.00 Uhr angeboten wird, zu spät für uns, da heute wieder eine Tour von 25 Kilometer vor uns liegt. Am westlichen Stadtrand von León entdecken wir eine geöffnete Bar und genehmigen uns dort ein schnelles Morgenmahl.

Kurz danach führt der Weg durch eine Senke, über die sich mehrere Stromleitungen ziehen, was an sich nichts Besonderes ist. An einem der Stränge aber baumeln zwei Paar Schuhe. Da hatte wohl jemand die Lust am Pilgern verloren und seine Wanderschuhe samt Turnschuhe jeweils an den Enden der Schnürsenkel zusammengebunden und über eine der Leitungen geworfen, so dass sie dort für jeden Vorbeikommenden gut sichtbar (als Warnung oder Ermutigung?) wie eine Art Mobile herunterbaumeln. Wir fragen uns, wie lange es wohl gedauert haben mag, die beiden Schuhpaare so hinaufzuwerfen, dass sie dort in mindestens fünf Meter Höhe hängengeblieben sind.

Danach ist die Strecke langweilig und laut, da sie sich viele Kilometer eng an die Nationalstraße 120 hält und man ständig das Dröhnen der vorbeifahrenden Autos und LKWs in den Ohren hat. Elke benutzt deshalb Gehörschutz, ich kann diese Stöpsel aber nicht leiden und muss den Verkehrslärm in Kauf nehmen. Es gibt zwar einen alternativen Camino, auf dem wir aber keine geeignete Übernachtungsmöglichkeit finden konnten.

Die Sonne brennt erbarmungslos vom Himmel, sie hat 30 Grad längst überschritten, und ich bin froh, den breitkrempigen Wanderhut auf dem Kopf zu haben. Der Weg verläuft immer nur geradeaus und die Hitze und der ununterbrochene Verkehrsfluss gehen uns gehörig auf die Nerven. Endlich findet sich eine kleine Freiluft-Bar an einer Straßenkreuzung, bei der aber alle Tische bereits voll belegt sind. Wir machen trotzdem Halt, besorgen uns eiskaltes Cola und Powerriegel und setzen uns im Schatten des Barhäuschens auf einen querliegenden Baumstamm.

Die Strecke danach wird nicht besser, im Gegenteil, sie verläuft weiterhin entlang der N 120, die sich nun immer mehr der Autobahn annähert, so dass der Verkehrslärm ständig weiter ansteigt. Überraschend schnell erreichen wir Villadangos del Parámo, gegen13.00 Uhr stehen wir vor unserem Hotel. Es befindet sich direkt an der Auffahrt von der Nationalstraße zur Autobahn. Auf dem riesigen Parkplatz davor stehen schon Dutzende von Lastwagen, tosender Lärm und stinkende Abgase durchschwängern die Luft. Überdimensionale Werbeplakate weisen die LKW-Fahrer darauf hin, dass sie hier günstig übernachten können. Wo sind wir bloß wieder gelandet? So hat das Hotel auf dem Bild des Hotelportals aber nicht ausgesehen. Wir schauen uns vorsichtshalber nochmal im Handy die vorgebuchte Unterkunft an: Adresse und Name stimmen, aber das Foto muss von der Rückseite des Hotels aufgenommen worden sein, denn man sieht dort nur ein hübsches Haus in einer baumbestandenen Wiese, keine Straßen weit und breit.

Verärgert betreten wir das Hotel von der zur Straße hingewandten Vorderseite, aber an der Rezeption ist niemand zugegen. Auf dem Tresen befinden sich 30 bis 40 Zimmerschlüssel, daneben ein Telefon, vor dem ein Zettel mit dem Vermerk liegt, dass man sich bei Fragen doch bitte unter der angegebenen Nummer melden soll. Ein Mitpilger, der kurz nach uns hereingekommen ist, spricht fließend Spanisch und übernimmt deshalb den Anruf. Ihm wird gesagt, dass man von den bereitliegenden Schlüsseln den an sich nehmen soll, der mit dem passenden Namen versehen ist. Tatsächlich befinden sich kleine Zettelchen daran und wir fischen unseren heraus, suchen das Zimmer und schließen auf. Es ist ein enger Raum mit einem französischen Doppelbett von 140 cm Breite, das Fenster zur Vorderfront mit Aussicht auf Nationalstraße, Autobahn und dichtem Verkehr. Unter keinen Umständen werden wir in diesem Zimmer bleiben. Also gehe ich schnurstracks wieder zurück ans Telefon, der spanischsprechende Gast ist natürlich längst weg, und wähle die angegebene Nummer. Am anderen Ende meldet sich ein Spanier, der aber kein Wort Englisch und auch nicht mein holperiges Spanisch verstehen will. Verärgert gehe ich zurück, Elke hat sich auf dem Bett schon etwas ausgeruht. Sie schlägt vor, in das Restaurant nebenan zu gehen, um dort erstmal einen Kaffee zu trinken und in Ruhe zu beraten, was zu machen ist. Auf dem Weg dorthin fällt uns auf, dass das Restaurant denselben Namen trägt wie unser Hotel. Deshalb fragen wir den Mann am Schanktresen, ob die beiden Häuser zusammengehören. Er bejaht und es stellt sich heraus, dass er der Besitzer von beiden ist.

Wir schildern unser Problem und sagen ihm, dass das Bett für junge Paare zwar bestens geeignet sei, aber für unser Alter nicht mehr in Frage komme. Er lacht laut heraus, sagt, dass das überhaupt kein Problem wäre und wir einfach einen anderen Schlüssel nehmen und uns ein passendes Zimmer selber aussuchen könnten. Wir bedanken uns und sind froh, dass diese Sache so schnell gelöst werden konnte. Ohnehin ist der Wirt sehr locker drauf, er will keinen Ausweis sehen, auch keine Formulare ausgefüllt haben. Nachdem wir Kaffee getrunken und Snacks gegessen haben, kehren wir ins Gästehaus zurück, nehmen dort fünf Schlüssel und beginnen mit der Suche. Zwei Zimmer sind noch nicht gemacht, eines ist ein Einzelzimmer, das andere liegt ebenfalls zur Straßenseite hin. Beim letzten haben wir endlich Glück, es hat zwei Einzelbetten, ein schönes großes Bad, ist sauber gerichtet und befindet sich auf der Rückseite des Hauses. Das Zimmer war für ein Ehepaar Walker bestimmt, denen wir halt nun unsere alte Bleibe unterjubeln. Wir holen von dort unsere Sachen, richten die verknüllte Bettdecke ordentlich hin und ziehen in das neue Domizil, um dort endlich zu duschen, unsere Wandersachen auszuwaschen und auszuruhen.

Beim Abendessen sitzen wir im Restaurant neben Doug und Debby, die wir schon mehrfach getroffen haben. Sie heißen, wie wir aber erst jetzt erfahren, mit Nachnamen Walker. Wir unterhalten uns prächtig und fragen so nebenbei, wie ihnen ihr Zimmer hier gefalle. „It's okay", sagen sie, „perhaps a bit too loud!" (Es ist okay, vielleicht etwas zu laut). Wir sagen nichts von unserem Zimmertausch, erklären ihnen aber die Möglichkeit, sich ein anderes Zimmer aussuchen zu können, was sie aber dankend ablehnen. Also ist es wirklich okay für sie. Wir ziehen uns auf unser Zimmer zurück, um alsbald schlafen zu gehen. Zuvor steht aber noch das tägliche Pflegeprogramm an, die Versorgung unserer noch nicht ganz ausgeheilten Stellen. Zu allem Überfluss hat sich bei mir während des Wanderns noch meine rechte Achillessehne schmerzhaft bemerkbar gemacht, so dass ich sie wohl oder übel ebenfalls behandeln muss, gemäß dem Motto: „Schmieren und salben hilft allenthalben".

San Justo de la Vega - 9.5.2018

Die Nacht war laut, wie befürchtet, ständig kamen irgendwelche Laster an, andere fuhren weg. Der dadurch verursachte Lärm drang durch das geschlossene Fenster und hinderte mich am Schlafen. Auch im Hotel ein ständiges Kommen und Gehen, verbunden mit Türenschlagen und anderen störenden Geräuschen. Elke hatte sich wieder Stöpsel in die Ohren gestopft und konnte deshalb einigermaßen durchschlafen. Für mich war das keine Alternative und ich stehe völlig übermüdet um 6.00 Uhr auf. Wir gehen zum Frühstücken ins Restaurant, das schon voll mit startbereiten LKW-Fahrern ist, die den Eingangsbereich bereits in ein stinkendes Nebelloch voller Zigarettenqualm gehüllt haben. Drinnen herrscht ein lautes und hektisches Durcheinander. Im hintersten Winkel gibt es noch eine etwas ruhigere Ecke und wir beeilen uns mit dem mageren Frühstück, um so rasch wie möglich aus dieser Lärmhölle heraus zu kommen.

Es geht wieder entlang der lauten N 120, langweilig und wenig motivierend. Elke muss sich wieder ihren Gehörschutz in die Ohren drücken, sonst wäre dieser Weg für sie nicht machbar. So laufen wir gut zwei Stunden bis San Martin del Camino. Dort wollen wir eine erste Rast einlegen und treffen in einer Bar Doug und Debby, die ebenfalls eine sehr unruhige Nacht hinter sich hatten. Wir setzen uns zu einem zweiten Frühstück zusammen an einen Tisch. Doug erzählt uns dabei, dass er ein ‚sabbatical' von drei Monaten habe und einen Teil davon für den Jakobsweg nutze. Auch ihn frage ich, ob er glaube, Gott auf dem Camino zu begegnen. Ohne nachzudenken, antwortet er laut und voller Enthusiasmus, er singt es förmlich heraus: „Yes, of course - every day and everywhere!" „Wow", denke ich, „das ist jetzt aber mal eine spontan aus dem Herzen kommende Aussage." Er nennt auch gleich den Hintergrund seiner Überzeugung: Er ist Pastor einer Presbyterianer-Gemeinde in Detroit. Debby schließt sich seiner Aussage an, wenngleich auch weit weniger euphorisch, sie ist der nüchterne Teil des Paares. Beide fügen hinzu, dass auch für sie das Schönste am Camino die Begegnung und der Austausch mit anderen Pilgern sei.

Der Weg klammert sich weiter fest an die N 120 und führt monoton bis zum Dorf Puente de Orbigo. Dort steht eine kleine Kirche mit einem typisch nordspanischen Glockenturm, der mehr einer Glockenwand gleicht und sich in ein Storchenhotel verwandelt hat. Wir zählen fünf Storchennester in den Glockennischen, in denen jeweils ein Elternteil mit dem Füttern der Jungen beschäftigt ist. Ein wahrlich beeindruckender Anblick, der uns noch mehrmals auf dem Camino vergönnt sein wird.

Kurz darauf erreichen wir den malerischen Ort Hospital de Orbigo. Zur Stadt hinein geht es über die längste Brücke des gesamten Jakobsweges. Sie stammt aus dem 13. Jahrhundert und umfasst 20 riesige Bögen, wobei der Rio Orbigo nur drei braucht, um hindurchzufließen. Wofür die anderen gut sind, ist nicht ersichtlich. Auf dem Turnierplatz daneben werden alljährlich Anfang Juni die in ganz Spanien bekannten Ritterspiele zu Ehren des tapferen Suero de Quinones abgehalten: Der junge Ritter hatte sich einst unsterblich in ein Edelfräulein verliebt. Um ihre

Aufmerksamkeit zu erhalten, gelobte er, so lange ein schweres eisernes Halsband zu tragen, bis sie ihn erhören werde. Doch die Angebetete erwies sich als äußerst spröde und abweisend, so dass ihr Verehrer eine Möglichkeit suchen musste, sein Gelöbnis wieder loszuwerden. Er legte deshalb einen heiligen Schwur ab, gegen jeden Ritter, der um den Tag des Heiligen Jakobus (25. Juli) die Brücke überqueren sollte, zu kämpfen. Erst nachdem er mit seinen Getreuen über 300 Ritter samt Gefolgschaft besiegt hatte, wurde das Gelübde aufgehoben. Er soll danach nach Santiago d. C. gepilgert sein, um dort sein Halsband vor der Büste des ‚Santiago Alfeo' abzulegen, wo es heute noch bewundert werden kann.

Auf der Brücke begrüßt uns ein älterer Spanier, der seinen Dackel spazieren führt, mit einem freundlichen „Guten Tag". Er stellt sich als Fernandez vor und will wissen, woher wir genau kommen. Wir bewundern sein akzentfreies Deutsch und er erklärt uns, dass er vierzig Jahre in Düsseldorf gewohnt und gearbeitet habe. Seine beiden Söhne würden dort noch mit ihren Familien leben. Er wäre nach seiner Verrentung auch lieber dort geblieben, aber seine Frau wollte unbedingt zurück in die alte Heimat. Jetzt sei sie schwer krank und an den Rollstuhl gefesselt, sodass er nicht mal mehr seine Söhne besuchen könne. „Aber", so fährt er mit gedämpfter Stimme verschwörerisch fort, „sobald sie gestorben ist, gehe ich zurück zu meiner Familie!" Wir staunen über seine Offenheit und wünschen ihm und seiner Frau alles Gute.

Wir marschieren in den hübschen Ort hinein und machen mitten in der Fußgängerzone an einem sonnenbeschienenen Plätzchen Rast, das zu einem Restaurant gehört, und beobachten bei Kaffee und Kuchen das bunte Treiben. Als wir anschließend zum anderen Ortsende kommen, müssen wir uns entscheiden: weiter entlang der öden und lauten N 120 gehen oder den Camino Alternativo einschlagen, wesentlich länger, dafür aber ruhig und deutlich abwechslungsreicher. Wir nehmen natürlich den schöneren Weg und sind froh, endlich die N 120 verlassen zu können. Diese relativ neu angelegte Alternative führt durch eine interessante hügelige Landschaft, in der sich ausgedehnte Felder, Wiesen und kleine Wälder abwechseln.

In Santibanes de Valdeiglesias, einem kleinen Dorf, machen wir in einer gepflegten Albuerge mit schönem Innenhof nochmals Rast. Mit uns am Tisch sitzen ein siebzigjähriger Schweizer aus Genf und sein gleichaltriger Freund aus Paris. Der Franzose spricht kein Wort Deutsch, auch kein Englisch und unser Französisch ist nicht gut genug, so dass wir beim Deutschen bleiben und der Schweizer für seinen Freund simultan übersetzt. Das Schwierigste für sie beide beim Pilgern seien die Schmerzen, sagt der Schweizer. Zuerst habe sich der Rücken gemeldet, dann die Knie, dann die Füße und dann alles wieder von vorne. Ich versichere ihm, dass es bei den meisten Pilgern so sei. „Je älter die Knochen sind, desto schneller melden sie sich eben", füge ich lächelnd hinzu. Er gibt mir kopfnickend Recht. Aber, so sinnieren wir übereinstimmend weiter, das gehöre eben zum Jakobsweg dazu und sei vielleicht auch, gebe ich mit einem Augenzwinkern zu bedenken, das Ergebnis unserer vielen Versäumnisse und Verfehlungen. „ Ja," meint er lachend, „aber müssen wir sie unbedingt alle auf einmal büßen"?

Die beiden Freunde bleiben zur Übernachtung dort und wir machen uns weiter auf den Weg, der sich nun über fünf Kilometer auf ockerbrauner Erde bergauf schlängelt, bis er auf einer Hochfläche immer geradeaus weiterverläuft. Bald kommt eine Freiluft-Albergue in Sicht, die unmittelbar am Wegesrand liegt. Der Erbauer José liegt in seiner Hängematte und unterhält sich mit den Pilgern. Er lebe, sagt er, bereits seit neun Jahren hier und baue die Albergue ständig weiter aus. Das Hauptgebäude besteht aus einem überdachten Schlafplatz, der an der Wetterfront und den beiden Seitenteilen gemauert ist, die gesamte Vorderfront mit rund 10 Meter Länge steht aber völlig offen. Wer dort schlafen will, muss nur seine Isomatte auf den mit Kies aufgeschütteten Boden legen und kann dann in seinem Schlafsack kostenlos nächtigen. Strom oder fließendes Wasser gibt es nicht, dafür aber einen Brunnen, ein aus Ziegelsteinen gemauerter Ofen und ein halboffenes Häuschen, das zur Einnahme der Mahlzeiten gedacht ist.

Auf einem Holzstand offeriert José für die vorbeiziehenden Pilger selbstgezogenes Obst, hausgemachten Kuchen, Kekse, frisch gepresste Säfte, Tee und Kaffee. Dazu stehen mehrere Holzbänke zur Verfügung, auf denen man sich ausruhen und das Dargebotene verzehren kann. Alles ist kostenlos und José kontrolliert auch nicht, ob oder wieviel jemand gibt. Aber natürlich werfen die Pilger einen angemessenen Obolus in die bereitstehende Kasse, froh über die unerwartete Einkehrmöglichkeit.

Jetzt geht es kilometerweit immer nur bergab, was meine Knie nicht besonders schätzen. Da hilft nur, die Schmerzen gedanklich zu neutralisieren, das heißt, sich ganz dem Rhythmus des Laufens zu überlassen und die Gedanken gänzlich auszuschalten. Am späten Nachmittag erreichen wir San Justo de la Vega. Der Eingang des Ortes ist nett gestaltet mit einer großen bronzenen Pilgerfigur, die einem englischen Pfadfinder gleicht, der sich gerade an seiner Trinkflasche labt, aus der frisches Wasser strömt. Davor stehen eine Vielzahl bequemer Sitzgelegenheiten, verstreut auf einer weitläufigen Wiese. Das Dorf zieht sich entlang einer stark frequentierten Straße und sieht nicht besonders einladend aus. Unser Hotel liegt unmittelbar an der Hauptstraße und unser Zimmerfenster ebenfalls, für die Nacht schwant uns nichts Gutes.

Beim Abendessen, das wir im Hotel einnehmen können, sehen wir Ken und Mary aus Montana wieder und setzen uns zu ihnen an den Tisch. Es wird ein fröhliches Mahl. Wir kommen nochmal auf die religiöse Dimension des Pilgerns zu sprechen und die beiden Amerikaner überraschen uns erneut mit ihrer offenen Art, ohne ,wenn' und ,aber' zu ihrem Glauben zu stehen. Sie sind ebenfalls Presbyterianer und machen keinen Hehl daraus, oft und gerne ihre Kirche zu besuchen.

Am Nachbartisch sitzen Corie und Micha, ein Rentnerpaar aus Dänemark, die interessiert unsere Unterhaltung mitverfolgen. Deshalb fragen wir auch sie nach ihrer Meinung. Sie seien zwar nicht religiös, geben sie offen zu, glauben aber sehr wohl an eine höhere Macht. Micha ist schon das dritte Mal auf dem Jakobsweg und sagt voller Überzeugung: „The Camino is a healer!" (Der Camino ist ein Heiler!) und begründet es folgendermaßen: Das erste Mal sei er ihn mit seinem Neffen gelaufen, der kurz zuvor seine Mutter wegen eines Krebsleidens verloren habe und deshalb in eine tiefe Depression gefallen sei. Das Pilgern habe ihn wieder geheilt. Das zweite Mal habe er seinen Bruder, den Vater des Neffen, begleitet. Auch ihm habe der Jakobsweg geholfen, seine schwere Situation zu überwinden. Und jetzt pilgere er mit seiner Frau. „Yes", betont er nochmal, „the Camino is a healer!"

(Die längste Brücke des gesamten Caminos – Hospital de
Orbigo, Originalgröße: 24 x 32 cm,   Aquarell)

Rabanal del Camino - 10.5.2018

Die Nacht verlief besser als gedacht. Zwar grölte in dem unter unserem Zimmer liegenden Restaurant eine Gruppe Jugendlicher herum, die aber gegen Mitternacht laut johlend abzog. Danach herrschte überraschenderweise Ruhe. Selbst der von uns befürchtete Verkehrslärm blieb bis nach 6.00 Uhr aus. Da war es sowieso Zeit zum Aufstehen, weil das Frühstück, im Preis inkludiert, ab 7.00 Uhr serviert werden sollte. Wir stehen pünktlich vor dem Speisesaal, der jedoch noch verschlossen ist. Nach 15 Minuten Wartezeit entschließen wir uns aufzubrechen. Gerade in diesem Moment kommt ein Sportwagen angerast und bremst kurz vor dem Hotel scharf ab. Heraus steigt der Juniorchef, läuft ohne Kommentar an uns vorbei und schließt die Tür auf. Es ist schwer, sich an diese Art von Pünktlichkeit zu gewöhnen. Wir ordern das Frühstück, das aus einem Tee und einem altbackenen Croissant besteht. Das hätte man sich auch schenken können und es ärgert uns, dass wir nicht eher losgelaufen sind, um unterwegs etwas zu essen.
Entlang einer Landstraße geht es nun in das nahgelegene Astorga. Die Stadt mit etwa 11.000 Einwohnern ist eine römische Gründung und war ehemals ein wichtiges Verwaltungszentrum. Seit dem 3. Jahrhundert ist sie Bischofssitz mit einer sehenswerten gotischen Kathedrale. Die Stadt liegt festungsartig angelegt auf einem über 800 Meter hohen Berg. Wir steigen hinauf in die Altstadt, gehen vorbei am schön gestalteten Plaza Mayor mit dem aus dem 17. Jahrhundert stammenden Rathaus, zum bekannten

neugotischen Gaudi-Haus, das von dem berühmten katalanischen Architekten 1913 als Bischofssitz erbaut, aber nie seinem Bestimmungszweck zugeführt wurde. Es dient heute als Museo de los Caminos, das wir besuchen wollen. Aber daraus wird nichts, da es viel zu spät aufmacht. So entschließen wir uns, die Kathedrale zu besichtigen, vorher aber noch in der warmen Morgensonne eine kleine Pause zu machen. In einem Supermarkt kaufen wir Brötchen, Käse, Schinken und Getränke und setzen uns auf eine sonnige Bank mit Ausblick auf Kathedrale sowie Gaudi-Haus und genießen den Imbiss. Da kommen Debby und Doug des Weges. Sie haben beide einen schlechten Tag, Debby hinkt und Doug hat sich über Nacht eine schlimme Erkältung zugezogen. Sie wollen deshalb auch gleich weiter, um ihr Tagespensum zu schaffen. Punkt 10.00 Uhr machen wir uns auf zur Kathedrale, die zu dieser Uhrzeit geöffnet werden soll. Sie ist auch tatsächlich offen, aber wir dürfen trotzdem nicht zur Besichtigung hineingehen. Denn heute ist Feiertag, Christi Himmelfahrt, und in der Kirche findet ein Gottesdienst statt. Daran haben wir überhaupt nicht gedacht und ziehen deshalb weiter. Vergessen habe ich auch, dass gleichzeitig Vatertag ist; erst als meine beiden Kinder mir übers Handy gratulieren, wird es mir klar. Aber das ist ja das Schöne am Pilgern, man vergisst Tag und Datum und verweilt ganz im Hier und Heute. Am Stadtrand von Astorga kommt man an der keinen Kapelle Ermita del Ecce Homo vorbei, vor der uns eine alte, stark gebeugt gehende Spanierin lächelnd entgegenkommt. Sie begrüßt uns mit einem freundlichen „buen camino", bleibt stehen, sieht uns ins Gesicht und murmelt eine Litanei von Worten, die wir nicht verstehen. Danach macht sie über jeden von uns ein Kreuzeszeichen und geht lächelnd weiter. Wir sind erstaunt, die alte Dame hat uns tatsächlich einen Camino-Segen erteilt, eine wirklich berührende Geste.

Einem immer steiler werdenden Weg folgend erreichen wir nach einer guten Stunde Murias de Rechivaldo, das knapp 900 Meter hoch liegt. Froh, endlich oben angekommen und in der dortigen Bar eine Rast einlegen zu können, hören wir schon von Weitem laut feiernde Buspilger, die die ganze Taverne samt Terrasse belegt haben. Wir schlucken unseren aufkommenden Ärger hinunter und stellen uns an den Tresen, um Getränke zu kaufen. Brötchen und ähnliches sind schon vergriffen.

Unser Weg führt nun durch buschiges Steppenland weiter bergan bis nach Santa Catalina de Somoza, das sich bereits auf rund 1.000 Meter Höhe befindet. Vorbei an herrlich blühenden Büschen und im kräftigen Violett schimmernden Fliederbäumen erreichen wir das größtenteils verlassene Bergdorf, das dank des zunehmenden Pilgerstroms langsam aus seinem Dämmerschlaf erwacht. Kurz davor überholen wir einen älteren weißhaarigen Pilger, der sein leuchtend rotes T-Shirt straff über einen ansehnlichen Bauch gezogen hat. Er ist uns bisher nur dadurch aufgefallen, dass er es immer wieder geschafft hat, vor uns zu sein, obwohl wir unterwegs oftmals an ihm vorbeigezogen sind. Langsam kommen wir uns vor wie der Hase im Märchen ‚Der Hase und der Igel.' Dieses Mal bleiben wir stehen und sprechen ihn an. Er klärt uns auf, dass er zwar langsam, aber stetig laufe und so gut wie keine Pause brauche. Das ist also des Pudels Kern: wir laufen zwar schneller, machen aber gerne unterwegs Rast. Er heißt Larry, ist 69 Jahre alt und stammt aus der Schneifel/Rheinland-Pfalz.

Er habe sich die Welt erlaufen, sagt er, und bisher über 100 Marathonläufe und Trials auf der ganzen Welt hinter sich gebracht. Diesen Sommer wolle er noch einen Trial in Finnland mitmachen. Wir sind baff, denn so einen Sportler hätten wir hinter seinem wohlbeleibten Äußeren nicht vermutet. Er sei wegen seiner sportlichen Aktivitäten in seiner Heimatregion nicht ganz unbekannt, verrät er uns voller Stolz, und just am heutigen Tag würde im SWR Rheinland-Pfalz ein Interview ausgestrahlt, das der Sender kurz vor seiner Abreise nach Spanien mit ihm geführt habe. Wir sind beeindruckt, freuen uns aber schon auf die nächste Pause in der wenige Meter entfernten Bar, vor der eine ganze Anzahl unbesetzter Tische verlockend in der warmen Mittagssonne auf Gäste wartet, während Larry ohne Halt weitergehen will.

Nachdem wir uns mit Bier, das wir in der Regel alkoholfrei trinken, und Bocadillos gestärkt haben, durchqueren wir den Ort auf einem Schotterweg, dem einzigen Sträßchen, das hier verläuft. Viele Häuser sind verfallen, von anderen sind nur noch die Grundmauern und hohe Steinhaufen übrig. Die Sonne brennt nun immer heißer vom Firmament und erreicht wieder an die 30 Grad. Nach einer guten Stunde brauchen wir wieder etwas zum Trinken und machen deshalb in dem öden Ort El Ganso Pause, der nur erwähnenswert ist, weil sich in dessen Mitte zwei nebeneinander liegende Bars befinden, bei denen man das Gefühl bekommen kann, mitten im wilden Westen zu sein. Dies wird dadurch verstärkt, dass eine der Bars tatsächlich ,Cowboy' heißt. Wir lassen uns auf der Außenterrasse nieder, die im Schatten liegt, und entdecken an einem Nachbartisch Debby und Doug. Beide sehen noch müder und kraftloser aus als bei unserem Aufeinandertreffen in Astorga.

Wir haben noch weitere 8 Kilometer in der sengenden Hitze vor uns, immer bergauf und ohne weitere Einkehrmöglichkeit. Unterwegs fällt ein Schild auf, das an einen Camino-Wegweiser angebunden ist, auf dem mit leuchtend roten Buchstaben auf schwarzem Hintergrund geschrieben steht: Are you mad? (Bist du verrückt?) Die Frage ist nicht ganz unberechtigt. Man muss schon etwas verrückt sein, um diese Tortur freiwillig auf sich zu nehmen. Andererseits gilt aber auch, wenn man nie verrückt ist oder besser gesagt, sich nie ver-rücken will, wird man kaum über den eigenen Tellerrand hinausschauen können und immer in der eigenen Suppe herumlöffeln. Man wird keine anderen Menschen und Kulturen kennen und verstehen lernen, die zu neuen Erkenntnissen sowie Respekt und Toleranz ihnen gegenüber führen. Deshalb ist es zum Mensch-Werden, zum geistigen Reifen und Wachsen immer wieder angezeigt, sich zu ver-rücken, verrückt zu sein.

Nach zwei kräftezehrenden Stunden auf einem meist schattenlosen Pfad neben der Landstraße erreichen wir endlich unser heutiges Tagesziel, Rabanal del Camino. Unser Hotel steht unmittelbar am Ortsanfang, ist relativ neu und ganz aus Holz gebaut. An der Rezeption erhalten wir den Schlüssel und bekommen ein großes, sauberes und sehr ruhig gelegenes Zimmer mit modernem Bad. Wir duschen ausgiebig und erledigen dann unsere Wäsche, die wir hinter dem Haus auf einer Wäscheleine zum Trocknen in die warme Abendsonne hängen können, ein seltener Luxus. Es stellt sich immer wieder die Frage, wieso solche Unterkünfte nicht stärker auf die Bedürfnisse der Pilger, ihren wichtigsten Gästen , eingehen und Waschmaschinen und Trockner gegen Entgelt zur Verfügung stellen.

Wir setzen uns auf die Terrasse und genießen bei einem kühlen Bier den herrlichen Frühsommerabend mit Blick auf die umliegende Berglandschaft. Rabanal del Camino hatte früher eine besonders große Bedeutung für die Pilger, weil hier der gefährliche Aufstieg in die Höhen der Montes de León begann. Zum Schutz vor Überfällen und Wölfen ist deshalb diese Strecke von Tempelrittern kontrolliert worden. Wölfe gibt es kaum noch in der Gegend, dafür aber umso mehr herrenlose Hunde, die oft in Rudeln herumstreunen. Entgegen manch angsterregender Berichte haben sich diese ‚wilden' Hunde uns gegenüber jedoch immer friedlich und harmlos verhalten und sich an den vorbeilaufenden Wanderern in keiner Weise gestört gezeigt. Die einzigen aggressiven Hunde, die uns begegnet sind, waren Hofhunde, die, an langen Ketten festgebunden, einsame Gehöfte zu bewachen hatten.

Beim Abendessen sind wir erstaunlicherweise die einzigen Gäste in dem riesigen Speisesaal, obwohl das Haus voll belegt ist, weswegen wir das Pilgermenü in der danebenliegenden Hotelbar einnehmen, um uns nicht ganz so verloren vorzukommen. Dort sitzen einige Leute an Tischen und unterhalten sich. Auch zwei aufgetakelte US-Amerikanerinnen sind da, beide ungefähr Mitte 40, und nippen gelangweilt an ihren Cocktails. Nach richtigen Pilgerinnen sehen sie in ihrer Aufmachung nicht aus. Dazu passt das Anliegen, das sie an den Wirt haben: In lautem Amerikanisch wollen sie von ihm wissen, was es koste, wenn er sie mit dem Auto zum ‚Cruz de Ferro' fahren, dort warten würde, bis sie ihre Fotos gemacht hätten, und dann weiter bis zu ihrer nächsten Unterkunft bringen würde. Dazu muss man wissen, dass dieses ‚Cruz de Ferro' eine der Höhepunkte des gesamten Caminos ist, zu dem seit Jahrtausenden Menschen pilgern, um dort zu beten und ihre ‚Opfergaben' abzulegen. Der Wirt zeigt sich sehr erstaunt und nennt nach einigem Überlegen einen Preis, den die beiden Damen sofort akzeptieren. So kann man es natürlich auch machen, aber mit Pilgern hat das nichts zu tun.

(Santa Catalina de Somoza, Originalgröße: 30 x 40 cm,
 Acryl)

El Acebo de San Miguel - 11.5.2018

Wir haben endlich wieder eine ruhige Nacht verbracht. Nach einem schnellen Frühstück im Hostal ziehen wir bereits um 7.00 Uhr in den beginnenden Tag hinein, durchqueren Rabanal und wandern durch blühende Heidelandschaft auf steinigem Pfad hinauf nach Foncebadón, das sich auf 1.420 Meter befindet. Es ist eines der vielen verfallenen Bergdörfer, das durch das zunehmende Interesse am Jakobsweg wieder Leben eingehaucht bekommt. Am Ortsanfang werden die Pilger von einem etwa drei Meter hohen Holzkreuz begrüßt, das mitten auf den Weg gestellt wurde. Das bisher sonnige Wetter hat sich deutlich verschlechtert, Wolken sind aufgezogen und verhüllen die umliegenden Berge. Es ist wesentlich kühler geworden und ein frischer Wind lässt uns frösteln, sodass wir die Windjacken überstreifen müssen. Wir laufen die Dorfstraße hinauf und kehren in einer Bar ein, die in einem alten windschiefen Bauernhaus eingerichtet ist, das außen wie innen einer alpinen Almhütte ähnelt.

Von da aus sind es nur noch wenige Kilometer zum berühmten ‚Cruz de Ferro', zu dem schon die alten Kelten und Römer gepilgert sind. Es liegt auf 1.504 Meter Höhe und ist neben dem Col de Lepoeder in den Pyrenäen das zweite Dach des Caminos. Um das Jahr 1100 hat hier der Eremit Gaucelmo einen mehrere Meter hohen Holzpfahl einsetzen und auf dessen Spitze ein eisernes Kreuz aufpflanzen lassen, um damit diesen heiligen Platz für das Christentum zu übernehmen. Seit jeher ist es Tradition, dass die Pilger am Fuß des Kreuzes von ihrer Heimat mitgebrachte Steine niederlegen. So haben auch wir schon lange vor Reisebeginn überlegt, welche Steine wir mitnehmen und uns für je zwei unterschiedliche entschieden, die wir in unserem Garten gefunden haben: Einen kleinen, grauen, kantigen Bruchstein, der all die Probleme symbolisieren soll, die wir in unserem Leben hatten, und einen runden, glatten, grünlich gefärbten Kieselstein, der für all das Positive steht, das wir bisher erfahren durften und auch für die Hoffnung, dass letztendlich alles zu einem guten Ende führen wird.

Schneller als gedacht, stehen wir nun vor dem sagenumwobenen Ort, um den sich schon viele Leute scharen, darunter auch das Pastorenpaar Debby und Doug sowie Ken und Mary aus Montana. Jeder will sich vor dem weltberühmten Kreuz fotografieren lassen und so hat sich bereits eine kleine Warteschlange gebildet. Alle folgen dem alten Ritual und legen vor dem Kreuz Steine oder irgendwelche Devotionalien ab. Ein Franzose in den Mittdreißigern, der allein unterwegs ist, bittet mich, ihn mit seinem Handy zu fotografieren. Dann holt er seinen Stein aus dem Rucksack und wir sind äußerst erstaunt. Es ist ein großer Wackerstein, dessen Gewicht mindestens 5 Kilogramm beträgt und lässt die Frage aufkommen, was ihn wohl dazu bewogen hat, dieses Schwergewicht bis hierher zu schleppen.

Dann sind wir an der Reihe und wir besteigen nacheinander den riesigen Steinhaufen, um dort ebenfalls unsere kleinen Steine abzulegen. Um das Kreuz herum befinden sich unzählige Täfelchen, Bilder, beschriftete Bänder und Tücher, Jakobsmuscheln und vieles andere mehr. Auf einer besonders großen, schwarzen Tafel ist in weißen Lettern eingraviert: ‚Zum Seelenheil meines Sohnes Michael K., der sich im Mai 2006 das Leben nahm'. Wieviel harter Schicksalsschläge wurde hier wohl über die Jahrtausende schon gedacht? Gedankenschwer verlassen wir diesen Ort in dem Bewusstsein, dass nun auch unsere Steine Teil dieses uralten Steinhügels geworden sind und gehen zu der naheliegenden Kapelle, um dort ein stilles Gebet zu verrichten und auf der davor stehenden Bank mit Blick auf das ‚Cruz de Ferro' über unsere Eindrücke nochmals in Ruhe nachdenken zu können. Dabei steigt in uns das Gefühl auf, die eigenartig subtile Spannung dieses Kraftfeldes spüren zu können.

Nach geraumer Zeit verlassen wir diesen sonderbaren Ort und wandern auf engem Pfad über Bergwiesen, die von unzähligen Felsnestern durchsetzt sind, in das verlassene und verfallene Örtchen Manjarin, 1.450 Meter hoch gelegen. Außer zwei renovierten Häuschen befindet sich nur noch eine skurrile Bar zwischen den Steinhaufen und stehengebliebenen Grundmauern. Diese sieht von außen aus wie eine wild zusammengeschusterte Bretterbude, vor der eine Unzahl unterschiedlich großer, grellbunter Bilder aufgebaut ist, flankiert von einer kitschigen Marienstatue und einem ungefähr zwei Meter hohen Holzpfahl, an dem viele Richtungspfeile angebracht sind, die in alle Himmelsrichtungen weisen, wie Jerusalem 500 km oder Pfalz 1.785 km. Drum herum liegt weit verstreut Gerümpel aller Art, alles dominiert von einem großen roten Templerkreuz. Drinnen sieht es nicht viel besser aus. Dass es sich hier um eine Bar handeln soll, ist nur noch zu erahnen. Stattdessen hängt, steht oder türmt sich überall unnützer Touristenkram.

Nur in einer kleinen Ecke gibt es für weit überteuertes Geld auch Getränke zu kaufen. Das hier soll mal eine urige Albergue gewesen sein, aber sie ist zu einem unwürdigen Krempelladen verkommen. Wir suchen deshalb schleunigst wieder das Weite und laufen auf schönen Bergpfaden mit Blick auf die wunderbare Bergwelt hinunter zu unserem heutigen Zielort.

Unterwegs treffen wir nochmals Debby und Doug, die immer noch einen sehr lustlosen Eindruck machen. Wir erkundigen uns deshalb nach ihrem Befinden und Doug antwortet wie immer: "Oh shure, we feel fine!" Das lasse ich aber nicht gelten, weil ihn ganz offensichtlich immer noch Schnupfen und Husten plagen und ermahne ihn: „Auch als Pastor darf man sagen, dass es einem nicht gut geht und man einen schlechten Tag hat. Es ist im Leben eben nicht immer alles ‚fine'" und fordere ihn auf, einfach mal seinen Frust rauszulassen und laut zu sagen: „I don't want to have this shit cold!" Daraufhin flüstert er leise: „shit!". Ich ermahne ihn, dass er es lauter sagen müsse, am besten herausschreien, dann werde er sich besser fühlen. Und tatsächlich, er bringt ein deutlich stärkeres „shit" heraus und bringt uns damit alle zum Lachen. Bei unserer nächsten Begegnung, ungefähr eine Stunde später, kommt er auf mich zu und ruft laut: „shit", lacht und wandert belustigt mit seiner Frau weiter. Na also, hat doch etwas geholfen.

Bald darauf erreichen wir El Acebo de San Miguel, ebenfalls ein altes Bergdorf, in knapp 1.200 Meter Höhe, das aber größtenteils gut erhalten und voller Leben ist. Etliche nette Bars, Restaurants, kleine Hotels und Läden säumen die Durchgangsstraße. Am nordwestlichen Ende der Ortschaft ist eine neu erbaute Albergue eröffnet worden mit weit über 100 Betten, großzügigem Hallenbad und kleinem Einkaufszentrum. Hier hat man die Zeichen der Zeit erkannt und sich auf die steigende Zahl der Pilger eingestellt.

Wir selbst haben uns in einer kleiner Privatpension eingemietet, die an einer ruhigen Seitenstraße liegt. Das Wohnzimmer der Wirtsfamilie ist zugleich der Aufenthalts- und Speiseraum für die Gäste. Alles ist gemütlich eingerichtet und auch unser Zimmer hat Wohlfühlatmosphäre. Einziger Wehrmutstropfen ist dabei das nur 160 cm breite Bett mit gemeinsamer Decke, für uns immer problematisch, weil ich ein sehr unruhiger Schläfer bin. Die Gastgeberin bietet freundlicherweise an, die Wandersachen zu waschen und zu trocknen, was wir sofort dankbar annehmen.

Zurück im Dorf machen wir in einem sonnigen Biergarten Kaffeepause. Larry gesellt sich zu uns, er übernachtet in einem Hostal nebenan. Wir kommen auf die Motive des Pilgerns zu sprechen und er erklärt uns frank und frei: „Ich laufe den Jakobsweg, weil ich meinem Herrgott dankbar bin, dass es mir bisher so gut ergangen ist und ich die ganze Welt durch meinen Sport kennenlernen durfte."

Zurück in der Pension platzen wir mitten in eine kleine Feier hinein, denn die Eingangstür führt direkt in das Wohnzimmer. Dort sitzen die Wirtsfamilie mit ihren beiden kleinen Mädchen, einer jüngeren, schwarzhaarigen, gutgenährten Dame, sehr gepflegt und gut gekleidet, und einem älteren, grauhaarigen Herrn mit Stoppelbart, in fleckiger Hose, klobigen Schuhen und derbem Hemd, bei Kuchen und Kaffee. Wir bitten wegen der Störung um Entschuldigung und wollen uns zu unserem Zimmer begeben. Doch die adrette, mollige

Mittdreißigerin bittet uns, ein Glas Sekt mit ihr zu trinken, da sie heute Geburtstag habe und drängt uns, Platz zu nehmen. Diese freundliche Einladung wollen wir natürlich nicht abschlagen, gratulieren ihr herzlich, stoßen auf ihr Wohl an und lassen uns Kaffee und Kuchen schmecken. Da die Unterhaltung etwas ins Stocken gerät, möchte ich das Gespräch wieder in Fluss bringen und wende mich an das Geburtstagskind mit der Bemerkung, es müsse doch sehr schön für sie sein, dass auch ihr Vater mitgekommen sei und füge hinzu, dass die Ähnlichkeit zwischen beiden außer Frage stehe. Es folgt eine längere, sehr stille Pause. Der ältere Herr fasst sich schließlich ein Herz und setzt zu einer Erklärung an, dass er nebenan gerade ein Haus baue und deshalb noch seine Arbeitsklamotten anhabe. Es soll bis zum kommenden Herbst fertig sein, dann werde er mit seiner Frau dort einziehen. Dabei legt er zärtlich seinen Arm um die jüngere Dame und gibt ihr einen herzhaften Kuss auf den Mund. Das war damit also klargestellt. Die Wirtin reagiert sofort goldrichtig, erhebt das Glas und wir trinken alle auf das gute Gelingen des Hausbaus. Weiter wollen wir nun aber wirklich nicht mehr stören, gratulieren dem Geburtstagskind nochmals mit einem Küsschen auf die Wange, so wie es sich in Spanien gehört, und verabschieden uns schleunigst.

Ponferrada - 12.5.2018

Zu unserer Überraschung sitzen mit uns am großen, runden Esstisch die beiden US-Amerikanerinnen beim Frühstück, die sich mit dem Taxi zum ‚Cruz de Ferro' haben fahren lassen. Sie verhalten sich erwartungsgemäß, machen sich als erste über die bereitstehenden, schön dekorierten Wurst- und Käseplatten sowie über die frischen Brötchen her und ignorieren die anderen Gäste völlig. Ein französisches Paar sitzt ebenfalls dabei: Er sieht aus wie ein aus der Zeit gefallener Philosophieprofessor mit grauem, dezent gestutztem Vollbart, runder Nickelbrille und grauem Anzug samt farbloser Krawatte; seine Frau, deutlich jünger, dickleibig, mit altmodischer Dauerwelle und konservativem Kostüm, umsorgt ihn liebevoll, macht ihm die Brötchen zurecht und serviert sie ihm mundgerecht auf einem Teller. Dazu fragt sie ständig, ob ihm das so recht sei oder er noch etwas Anderes haben wolle, was er nur mit einem unverständlichen, mürrischen Brummen beantwortet. Sie sind definitiv keine Pilger. Auch sie würdigen uns keines Blickes. Irgendwie kommt man sich wie in einem bizarren Realsatirestück vor. Wir lächeln in uns hinein und beenden möglichst schnell das Frühstück, um die heutige Tour zu beginnen. Die Hauswirtin verabschiedet uns wohltuend herzlich mit einem: „Let's have a hug!" (Lasst euch umarmen!).
Draußen empfängt uns ein sehr frischer, windiger Morgen mit leichtem Nieselregen.

Nachdem wir El Acebo verlassen haben, führt der Weg über Schotterpisten steil abwärts. Nach zwei Stunden mühevollem Abstieg, stellenweise über schwierige Felspartien, erreichen wir Molinaseca, schön im Rio-Meruelo-Tal gelegen. Über eine romanische Brücke laufen wir in den hübsch gestalteten Ort hinein und lassen uns in einer alten Bar, in der schon viele andere Pilger zugegen sind, zu einem zweiten Frühstück nieder. Beim Hinausgehen stoßen wir auf Leonardo, einen Spanier Ende 60, der mit uns in Saint-Jean-Piet-de-Port gestartet ist. Er fällt dadurch auf, dass er stets ein altes Fahrrad, vollbeladen mit Gepäcktaschen, neben sich herschiebt. Auf flachen oder abfallenden Strecken fährt er auch damit, soweit sie geteert sind. Man sieht ihn immer nur in seinem hellblauen Jeansanzug und mit schwarzer Baseballmütze, die er tief ins Gesicht gezogen trägt. Mit seinen vollen weißen Haaren und seinem weißen Rauschebart würde er sich gut als Sankt Nikolaus machen. Wir fragen ihn, wo er sein Fahrrad gelassen habe, da es nirgends zu sehen ist. Er nimmt zuerst einen tiefen Zug von seiner Zigarette, die er wie immer in einer Hand hält, und erklärt uns dann in seiner tiefen Reibeisenstimme, dass es ihm samt Gepäck gestohlen worden sei. Wir bedauern das natürlich zutiefst und geben der Hoffnung Ausdruck, dass er es vielleicht irgendwo wieder auffinden könne. Wenige Tage später werden wir ihn auf einem neuen Mountainbike fröhlich winkend an uns vorbeifahren sehen.

Wir marschieren weiter Richtung Campo, einem kleinen Dorf, das als einzige Sehenswürdigkeit am Ortsanfang einen Brunnen aus römischer Zeit aufzuweisen hat, der aber so schlecht ausgeschildert ist, dass die meisten Wanderer ihn verfehlen. Auch wir finden ihn erst nach einigem Suchen. Durch bunt blühende Frühsommerwiesen geht es weiter nach Ponferrada, das sich schon in der Ferne zeigt. In weitem Bogen wandern wir entlang der Straße zur alten Templerstadt, die man über eine mittelalterliche Brücke erreicht. Ponferrada ist Provinzhauptstadt und zählt über 65.000 Einwohner. Bekannt ist sie vor allem wegen der mächtigen Templerburg, die die Stadt überragt. Ihre Ursprünge gehen ins 12. Jahrhundert zurück. Sehenswert sind aber auch die Renaissancekirche Basilica de la Encina und die Calle Reloj, die zum Torre del Reloj führt, dem bekannten Uhrenturm. Unmittelbar dahinter erstreckt sich der großflächige Rathausplatz, an dem unsere Unterkunft liegt. Wir haben mal wieder ein richtiges Hotel gebucht und beziehen gutgelaunt ein schönes, großes Zimmer mit zwei Einzelbetten und tollem Badezimmer.

Nach einer Pause zum Frischmachen und Wäschewaschen wollen wir in die Basilica zum Pilgergottesdienst, der um 19.30 Uhr beginnen soll. Wir sind pünktlich in der Kirche, in der sich schon eine größere Anzahl von Besuchern befindet. Aber nichts rührt sich. Auch in der nächsten halben Stunde bleibt alles ruhig, so dass immer mehr Leute wieder gehen. Aus irgendwelchen Gründen fällt der Gottesdienst aus, aber niemand bemüht sich, die Anwesenden darüber zu informieren. Also verlassen auch wir leicht verärgert das Gotteshaus und gehen zum nächsten Italiener, um dort zur Abwechslung eine Pizza zu essen. Diese ist zwar sehr gut, aber auch doppelt so teuer wie ein ganzes Pilgermenü.

Auf dem Rückweg sind schon von Weitem laute Musik, Geschrei, Lachen und all jene Geräusche zu hören, die zu einer spanischen Fiesta gehören. Heute ist Samstag und die Spanier machen, wie an jedem Wochenende, die Nacht zum Tag. Da es schon nach 23.00 Uhr ist und wir hundemüde sind, gehen wir trotzdem ins Bett in der Hoffnung, dass die Fenster dicht genug sind, um den größten Lärm draußen zu halten. Aber weit gefehlt, wir haben die spanische Lebensfreude völlig unterschätzt. Deshalb beobachten wir das bunte Treiben auf dem Marktplatz, das inzwischen voll entbrannt ist, von unserem Fenster aus. Vom Kleinkind bis zum Greis tummelt sich dort unten alles auf dem Platz und es ist schön zu sehen, welchen Spaß sie dabei haben. Kurz nach Mitternacht kommt Regen auf, der immer stärker wird und die Leute nach Hause treibt. Schade für sie, gut für unser Schlafbedürfnis.

(Ponferrada – Torre del Reloj, Uhrenturm,
Originalgröße: 24 x 32 cm, Aquarell)

Villafranca del Bierzo - 13.5.2018

Heute Morgen herrscht wieder nasskaltes Nieselwetter. Wir ziehen daher erst um 8.00 Uhr los, obwohl die Tagesstrecke rund 25 Kilometer lang ist. Unterwegs treffen wir auf viele Läufer, junge, alte, und auch ganze Familien darunter, die uns mit einer Startnummer auf dem Rücken im Laufschritt entgegenkommen. Es muss hier wohl so etwas wie ein Volkslauf stattfinden, auf dessen Strecke wir unterwegs sind. Trotz vieler Absperrungen kommt man überall ungehindert hindurch. Nach rund zwei Stunden machen wir in Fuentes Nuevas eine erste Pause in einem restaurierten Bauernhaus, in dem sich ein gepflegtes Restaurant befindet. Danach führt uns der Weg durch die üppige Bierzo-Landschaft, die durch zahllose Gemüsefelder und Obstbaumwiesen geprägt ist. Es sind nur wenige Wanderer zu sehen und man hat fast den Eindruck, dass heute ein pilgerfreier Tag ist. Am Weg stehen viele alte und verlotterte Gebäude, die fast sämtlich zum Verkauf stehen. Doch wer möchte in dieser Gegend schon so ein Haus haben, es sei denn Aussteiger oder Zivilisationsflüchtlinge, die bewusst die Einsamkeit suchen. Die Strecke scheint heute kein Ende nehmen zu wollen und weit und breit ist auch keine Bar mehr zu entdecken, in der man sich mal ausruhen könnte.

In dem öden und heruntergekommenen Dorf Valtuille de Arriba, ungefähr 4 Kilometer von unserem Tagesziel entfernt, sehen wir zwei Pilgerinnen, beide in den Vierzigern, die genervt aufgegeben haben und sich von einem Taxi abholen lassen. Wir laufen unbeirrt weiter, denn so kurz vor dem Ziel die Flinte ins Korn zu werfen, das ist nicht unsere Sache. Bald danach findet sich doch noch eine Freiluftbar. In einem Wohnwagen, der in einem Privatgarten aufgestellt wurde, werden Getränke und Snacks angeboten. Daneben stehen unter einem Partyzeltdach ein paar Tische und Stühle und wir setzen uns dort zum einzigen anwesenden Gast. John, hager, groß, dunkelhaarig, ein blaurotes Tuch um den Kopf gebunden, ist Schauspieler und kommt aus den USA. Er lebt aber schon seit Jahren in München, weil er dort ein Engagement an einem Theater bekommen hat. Er sei zwar nicht sehr religiös, sagt er in unserem Gespräch, glaube aber doch irgendwie an Gott und dass er ihn auch auf dem Camino treffen werde. John gesteht uns, dass er seit mehr als 10 Jahren trockener Alkoholiker ist und sich regelmäßig mit anderen anonymen Alkoholikern in einer Selbsthilfegruppe trifft. Und er gibt sich überzeugt, dass Gott ihm stets zur Seite gestanden habe, denn sonst hätte er es nicht geschafft, von der Sucht loszukommen. Er habe ihm viele Eskimos geschickt. Auf unsere Nachfrage erzählt er uns folgende Geschichte: „Ein Abenteurer hat einmal eine Grönlandexpedition gemacht. Er war allein mit seinen Schlittenhunden unterwegs. Ein gewaltiges Schneegewitter ist aufgezogen, das er nur knapp überlebt hat. Die Hunde samt Schlitten und Gepäck waren aber verschwunden. In seiner Not flehte er Gott um Hilfe an, obwohl er nicht gläubig war. „Und", so wurde er nach seiner Rettung gefragt, „hat Gott dir geholfen?" „Nein", sagte er, „es sind nur ein paar Eskimos vorbeigekommen!"" John verabschiedet sich mit den Worten: „Ich wünsche Euch viele Eskimos auf dem Camino!" Mir kommt diese Geschichte zwar irgendwie bekannt vor, aber es tut trotzdem gut, sie auf diese Weise nochmals zu hören.

Am Anfang von Villafranca del Bierzo passiert man eine kleine und eher unscheinbare romanische Kirche, die als besonderen Schmuck ein reich verziertes Portal aufweist. Sie ist als ‚Puerta del Perdon' (Pforte der Vergebung) bekannt und hatte in früheren Zeiten eine herausragende Bedeutung. Wer es bis hierher geschafft hatte und zu krank oder zu erschöpft zum Weiterlaufen war, bekam schon in dieser Kirche, dank eines päpstlichen Privilegs, die vollkommene Absolution, das heißt den vollkommenen Erlass aller Sünden, den Pilger eigentlich erst in Santiago d. C. zugesprochen bekamen. Zudem war man damals der festen Überzeugung, dass alle Pilger, die auf dem Camino versterben, unmittelbar ins Paradies gelangen. Und es machte sich auch manch frommer Wanderer auf den Weg mit dem Ansinnen, diese mühevolle Reise Gott als Opfer darzubringen in der Zuversicht, von irgendwelchen Leiden geheilt zu werden. In dieser Hoffnung soll sich auch heute noch manch kranker Pilger zum Jakobsweg aufmachen. Wenn man die vielen Gedenksteine auf dem Camino sieht, kann man vieles für möglich halten.

Auf dem Weg in die Stadt kommen wir an der gewaltigen Burg der Grafen von Villafranca vorbei, erbaut im 16. Jahrhundert, die schmucklos und verlassen vor sich hindämmert. Die Stadt macht einen grauen und verschlafenen Eindruck. Der sporadische Nieselregen hat sich mittlerweile in einen kräftigen Dauerregen verwandelt. Nach einigem Suchen erreichen wir endlich unsere Unterkunft und sind wirklich erstaunt, dass es sich um ein Vier-Sterne Hotel handelt, denn der Zimmerpreis entspricht dem eines einfachen Hostals. Wir gehen zur Rezeption und werden auf dem Weg dorthin von einigen sehr elegant gekleideten Damen argwöhnisch gemustert, die gerade auf dem Weg ins vornehme Speisezimmer sind. Ihre Blicke verraten ihre Gedanken: „Was haben denn Pilger hier zu suchen?" Das prallt an uns ab, wir wollen nur in Ruhe übernachten. Das Zimmer ist entsprechend komfortabel ausgestattet. Zur Entspannung nehmen wir ein heißes Wannenbad und gönnen uns eine Ruhepause. Fürs Abendessen wollen wir sowieso nicht in das teure Hotelrestaurant, sondern gehen dazu in das Stadtzentrum, um dort in einer einfachen Gaststätte ein kostengünstiges Pilgermenü einzunehmen.

Vega de Valcarce - 14.5.2018

In der Nacht hat es wie aus Eimern geschüttet und der stürmische Wind peitschte immer wieder den Regen mit voller Wucht gegen die Fenster. Da um 7.00 Uhr noch keine Wetterbesserung in Sicht ist, lassen wir uns mit dem Aufstehen Zeit und entschließen uns, im Hotel zu frühstücken, wohlwissend, dass das extra zu bezahlen ist. Wir bestellen uns ein gutes Frühstück, das auch nach deutschen Maßstäben als reichhaltig bezeichnet werden kann und genießen es ausgiebig in der Hoffnung, dass der Regen endlich nachlassen werde. Doch der prasselt noch immer unaufhörlich nieder und vergrößert die Pfützen, die sich draußen gebildet haben, langsam aber stetig zu kleinen Seen. Es bleibt nichts anderes übrig, als sich dem Wettergott zu beugen, zu bezahlen und die Tagestour zu beginnen. Der Kellner kommt mit der Rechnung und uns trifft fast der Schlag - das Frühstück kostet mehr als die gesamte Übernachtung. Kein Wunder, wenn der Zimmerpreis so günstig ist, holen die Manager den ‚Zusatzgewinn' eben über das Essen herein. Hätten wir uns denken oder auch nachfragen können. Aber zusammengenommen ist der Preis trotzdem in einem akzeptablen Rahmen.
Wir treten wanderfertig hinaus ins Freie, um uns dem Wetterschicksal zu stellen. Zu unserer freudigen Überraschung hat der Regen aber nachgelassen und gibt sich nun mit einem erträglichen Nieseln zufrieden. Wir können also unsere schweren Regenponchos im Rucksack lassen und uns mit einer wesentlich bequemeren Windjacke begnügen,

die auch vor leichtem Regen schützt. Schon deutlich besser gelaunt laufen wir durch Villafranca, überqueren eine Brücke, die über den wild brausenden Rio Burbia führt und erreichen die aus Stein gehauene Pilgerfigur, an der man sich laut Reiseführer entscheiden muss, ob man den leichteren und kürzeren Weg entlang der lauten Nationalstraße nehmen will oder die schwerere und deutlich längere Strecke über die Berge, den sogenannten Camino Duro (harter Camino). Wir entscheiden uns für die ruhigere und schönere Variante. Während die Normalroute aber wie gewohnt bestens ausgeschildert ist, findet sich nirgendwo ein Hinweis auf den Camino Duro. Wir laufen mehrmals in die falsche Richtung, fragen Einheimische, die sich auch nicht einig sind, wo es genau entlanggeht und stoßen endlich auf eine kleine Seitenstraße, die steil den Berg hinaufführt. Wir vermuten, dass das der richtige Weg ist, obwohl am Anfang des Pfades zwei dicke rote Querstriche auf den Boden gemalt sind, zwischen denen in großen, groben Buchstaben ‚No' geschrieben steht. Wie soll man da wissen, ob man richtig ist und wir bemängeln zum ersten Mal die sonst so genaue Beschilderung des Jakobsweges. Doch nach wenigen hundert Metern können wir uns sicher sein, weil am Seitenrand die gelbe Jakobsmuschel auf blauem Grund sichtbar wird. Der Weg verengt sich zu einem immer steiler werdenden Pfad, der durch eine wunderschöne Bergflora führt. Alpenrosen, Ginster, Erika und andere Höhengewächse glänzen mit roten, gelben und violetten Farbspielen in einem buntleuchtenden Farbenkonzert, unterbrochen vom satten Grün der Koniferen und Heidebüschen aller Art.

Die Gipfel sind mystisch in Nebelschwaden und Wolkenfelder gehüllt, aus denen leichter Nieselregen niedergeht. Es ist ein wahres Bergparadies und wir sind die einzigen Wanderer, die diese herrliche Landschaft begehen. Nach dem anstrengenden Anstieg geht der Pfad in eine leicht hügelige, oft ebene Strecke über und es ist eine wahre Lust, hier zu wandern und die wunderschöne Aussicht auf die umliegenden Berge und Täler zu genießen. Irgendwo da unten im regenverhangenen Tal des Rio Valcarce muss sich die Hauptroute des Jakobsweges befinden und wir bedauern die Pilger, die sich von der Bezeichnung ‚Camino Duro' haben abschrecken lassen. In Wahrheit müsste er ‚schöner Camino' heißen, denn der Weg ist wahrlich einzigartig und gehört für uns zu den herausragendsten Teilstrecken des gesamten Jakobswegs.

Plötzlich reißt der Himmel auf, die Sonne drückt sich mit aller Macht durch die Wolkendecke in den noch leichten Nieselregen und vor uns baut sich ein wahres Wunderwerk der Natur auf: Unten im Tal erscheint ein immer stärker leuchtender Regenbogen, der alsbald in einen Doppelbogen übergeht. Er verläuft von Osten nach Westen – in Richtung Santiago d. C.. Nach einer Weile zieht sich der Himmel wieder zu, um sich nach wenigen Augenblicken wieder zu öffnen, so wie der Vorhang im Theater. Noch herrlicher und farbenprächtiger präsentiert sich der Regenbogen, jetzt verbunden mit einer grandiosen Fernsicht. Es scheint so, als ob uns die Natur die ganze Schönheit der Schöpfung vor Augen führen will. Wir marschieren entzückt weiter, da wiederholt sich das gewaltige Schauspiel ein drittes Mal. Doch jetzt behält die Sonne endgültig die Oberhand, der

Nieselregen hört auf und der prächtige Himmelsbogen verblasst, wie um uns deutlich zu machen, dass alle Schönheit vergehen muss und nur in der Erinnerung erhalten bleiben kann. Dreimal hat sich uns dieses grandiose Naturphänomen gezeigt, für andere mag dies purer Zufall gewesen sein, für uns ist es ein Omen: Wir werden Santiago sicher und wohlbehalten erreichen!

Tief beeindruckt wandern wir weiter, immer noch mutterseelenallein – wunderbar. Am frühen Nachmittag erreichen wir einen Weiler, der sich in dieser einsamen Gegend standhaft gehalten halt. Dort steht erstaunlicherweise eine kleine Albergue mit zwei Mehrbettzimmern und einer Gaststube. Eine jüngere, gut genährte Spanierin begrüßt uns freundlich und führt uns hinein. Sie macht uns ein herzhaftes Essen zurecht und wir sinnieren nochmals über das beeindruckende Naturerlebnis.

Der Weg ins Tal ist ebenfalls wunderschön und führt steil bergab durch bunte Bergwiesen und frischgrüne Wälder. Nach einer guten Stunde sind wir in Trabadelo, wo der ‚Camino Duro' wieder auf die Normalroute des Jakobswegs trifft.

Wenig später machen wir eine weitere Pause in einer Bar, da wir gut in der Zeit sind. Dort setzen wir uns zu Thomas aus Schweden, der mit uns eingetroffen ist. Er ist groß, kräftig gebaut, schwarzhaarig und gut 30 Jahr alt. Sein Camino-Einstieg war in Astorga, weil er nur drei Wochen Urlaub zur Verfügung hat. Eigentlich wollte er schon im vergangenen Jahr mit seinem Freund diese Tour machen, aber er musste aus beruflichen Gründen absagen. Warum er ihn jetzt allein läuft, erklärt er so: „Mein Freund war, genauso wie ich, in keiner Weise religiös. Aber nach seiner Rückkehr ist er völlig verändert gewesen, tief gläubig und der Religion zugewandt. Kurz danach ist er sogar wieder in die Kirche eingetreten. Das hat mich neugierig gemacht und deshalb bin ich dieses Jahr allein losgezogen. Und gestern hatte ich ein Erlebnis, das hat mich stutzig gemacht. Bei meiner Wanderung auf einer steilen Bergstrecke merkte ich, dass jemand direkt hinter mir lief. Plötzlich habe ich einen dumpfen Schlag gehört. Ich drehte mich sofort um und sah, dass eine ältere Frau ausgerutscht und mit dem Kopf auf den blanken Felsen aufgeschlagen ist. Da sie stark benommen war, habe ich ihr aufgeholfen. Außer einer blutigen Beule am Kopf ist ihr aber nichts passiert. Wir haben uns beide darüber gewundert, dann aber festgestellt, dass auf dem nackten Fels ausgerechnet an der Stelle, an der sie aufgeschlagen ist, ein dickes Moospolster gewuchert hat." Nach einer kurzen Pause fügt er hinzu: „Und das hat mir zu denken gegeben!"

Bei schönstem Sonnenschein und hohen Temperaturen marschieren wir die restlichen 6 Kilometer nach Vegas de Valsarce, wo wir unsere Übernachtung gebucht haben. Neben dem Flüsschen Valsarce laufen wir in den Ort, der sich entlang des Uferweges hinzieht. Unmittelbar über dem eigentlich schön gelegenen Dorf überspannt in 30 bis 40 Meter Höhe eine Autobahnbrücke das kleine Tal. Architektonisch vielleicht eine Meisterleistung, für die Menschen, die hier leben müssen, eine Katastrophe. Von weitem nimmt man schon das dumpfe Dröhnen des dichten Verkehrs wahr, vor allem das Holpern beim Überfahren der Dehnungsfugen am Anfang und Ende der Brücke. Es klingt, wie wenn ständig ein Riesenhammer gegen ein Gong-Ungetüm geschlagen wird.

Wir wundern uns, dass am Berghang direkt unter der Brücke noch ein bewohntes Haus steht. „Das ist doch unglaublich, das kann doch niemand aushalten", sagen wir zueinander. Doch, man kann es, wie wir unmittelbar darauf feststellen müssen, denn das Haus hat dummerweise genau die Adresse, die auch unser gebuchtes Gästehaus aufweist. Auf dem Foto des Hotelportals war aber von der Brücke nichts zu sehen oder zu lesen. Doch jetzt ist es zu spät, um noch nach einer anderen Unterkunft zu suchen. Unser Zimmer liegt in der untersten Etage und ist äußerst beengt, ebenso das Badezimmer, dafür ist der Preis gleich hoch wie gestern bei dem Vier-Sterne-Hotel. Dazu geht das kleine Fenster direkt zur Durchgangsstraße. Mir schwant schon Übles für die kommende Nacht. Wenigstens können wir unsere Wäsche im Garten aufhängen in der Hoffnung, dass sie in der noch warmen Abendsonne trocknet. Zum Ausruhen haben wir jetzt weder Lust noch Zeit und gehen zur einzigen Gaststätte des Ortes, die sich ausgerechnet am anderen Ende des langgezogenen Dorfes befindet. Im großen Speisesaal ist nur ein Tisch mit einem Pilgerpaar besetzt, das wir unterwegs schon mehrfach gesehen haben. Wir setzen uns an den Nachbartisch, um uns mit ihnen unterhalten zu können. Es sind Lynne und Ian aus England, beide Mitte fünfzig. Sie hat blondsträhnige, schulterlange Haare, ist schlank und eher zurückhaltender Natur, er grauhaarig, kräftig gebaut und ausgesprochen eloquent. Beim gegenseitigen Vorstellen erwähnen sie, dass sie aus der Nähe von Taunton kommen, der Hauptstadt der Grafschaft Somerset im Südwesten Englands. Das weckt mein Interesse und ich erzähle ihnen, dass dort meine Eltern nach dem Zweiten Weltkrieg jahrelang gelebt haben und mein Bruder dort geboren wurde. „Dann kommt uns doch mal besuchen, wir haben nämlich ein kleines Hotel," schlagen sie uns vor. Das hört sich natürlich gut an und wir sagen sofort zu. Lynne und Ian sind von London dorthin gezogen, weil sie von der Hektik und dem Stress der Millionenstadt genug hatten. Ian ist eigentlich Rechtsanwalt, arbeitet aber nur noch an ein bis zwei Tagen pro Woche in diesem Metier. In der übrigen Zeit kocht er für die Hotelgäste, braut sein eigenes Bier und schreibt nebenbei noch Bücher, ein wahres Multitalent. Lynne war Lehrerin, hat ihren Beruf aber auch aufgegeben, um sich um das Hotel kümmern zu können. Sie sind ein paar Tage vor uns in Saint-Jean-Pied-de-Port gestartet, hatten aber zu Beginn Pech wegen des Regenwetters. Lynne ist an einem steilen und durchnässten Bergabhang ausgerutscht und hat sich dabei eine Sehne am linken Oberschenkel verletzt, weshalb sie dieses Bein immer noch leicht nachzieht. Es wird ein langer und von gegenseitiger Sympathie geprägter Abend.

Doch es hilft alles nichts, wir müssen zurück in unsere lärmumtoste Unterkunft. Dort schließen wir das Zimmerfenster, was ich als Frischluftfanatiker eigentlich überhaupt nicht leiden kann, um den Lärm einigermaßen in Grenzen zu halten, Elke stopft sich zusätzlich ihren Gehörschutz in die Ohren. Da es schon sehr spät geworden ist und wir von der Wanderung und dem langen Abend genügend Bettschwere haben, hoffen wir auf ein schnelles Einschlafen. Elke gelingt das überraschend gut, ich quäle mich mit dem lauten Gedonner des Verkehrs herum. Dass Himmel und Hölle so dicht aufeinander folgen können wie am heutigen Tag, ist eine alte Erkenntnis, über die ich mich trotzdem wieder wundere. Nach einer gefühlten Ewigkeit falle ich in einen Halbschlaf, erwache aber jedes Mal, wenn ein schwerer LKW über die Brücke holpert, was in unserem Zimmer mit dumpfen Schlägen zu hören ist. Das Raumklima wird zudem feuchtklamm; das liegt zum einen daran, dass das Zimmer halb in den Berg hineingebaut wurde und seine Wände aus Feldsteinen gemauert sind und zum anderen, dass der Luftaustausch bei geschlossenem Fenster nicht funktionieren kann. Mich überfallen Schweißattacken und ich muss mich entscheiden, entweder das Fenster aufzumachen, um wieder frei atmen zu können, dafür aber verstärkten Lärm in Kauf zu nehmen, oder es zulassen mit dem Gefühl des langsamen Erstickens. Mir bleibt keine Alternative, ich reiße das Fenster auf und sogleich schlägt mir ein frischer Luftstrom entgegen, den ich gierig aufsauge, allerdings angereichert mit dem befürchteten Krach. Ich schaue zu Elke, die sich mit ihren Ohrstöpseln nicht zu rühren scheint, lege mich zurück ins Bett und finde trotz der Verkehrsgeräusche endlich einen leichten Schlaf.

Biduedo - 15.5.2018

Obwohl die vergangene Nacht uns keine wirkliche Erholung gebracht hat, stehen wir um 7.00 Uhr auf, nehmen das Frühstück in der nahe gelegenen Bäckerei ein und bestellen neben dem üblichen Marmeladetoast noch ein Spiegelei, um uns einigermaßen fit für den Tag zu machen. Das Wetter meint es gut mit uns und wir wandern bei aufgehender Sonne und glasklarem Himmel los, immer bergauf. Es geht durch einen dichten Bergwald mit knorrigen Bäumen, die noch kein Laub tragen und mit ihrer grau verschorften Rinde ein bizarres Aussehen haben. Man kommt sich vor wie in einem Märchenwald, in dem man jeden Augenblick auf irgendwelche Waldgeister treffen könnte.

Nach einiger Zeit ist die Baumgrenze erreicht und das Gelände geht in eine buschige Bergheide über, durchsetzt mit viel blühendem Gehölz. Ein großer Grenzstein steht am Wegesrand, der uns darauf aufmerksam macht, dass wir jetzt die Grenze nach Galicien überschreiten, den letzten Landesteil Spaniens, den es noch zu durchwandern gilt. Die vor uns liegende Steige nach O Cebreiro wird richtig heftig. Eine Holztafel steht neben dem steilen Pfad, auf der geschrieben steht: What are your dreams? (Was sind deine Träume?) Falscher Ort und falscher Tag, denke ich mir. Hier hat man doch vor lauter Anstrengung keine Lust, sich über solche Fragen Gedanken zu machen. Und außerdem wäre mein Traum hier und jetzt nichts anderes als ein bequemes Hotelbett zum Abliegen! Also mache ich mir keine weiteren Gedanken dazu und quäle mich weiter den Berg hinauf.

Weiter oben treffen wir auf eine junge Frau, die sich mit ihrem etwa zweijährigen Kind, das sie in einem Tragegestell auf dem Rücken trägt, den Weg hochschleppt. Weiter vorne müht sich ein junger Mann mit einem Riesenrucksack den Anstieg hinauf, es wird der Vater sein, der das Gepäck der ganzen Familie tragen muss. Wir bewundern den Mut der beiden, so den Jakobsweg zu laufen. Eine Kuhherde mit ungefähr 10 Tieren kommt uns in die Quere, angetrieben von einem Hirten und bewacht von einem Schäferhund. Es gibt keine Chance zum Vorbeikommen, also müssen wir den Rindern hinterhertrotten und aufpassen, dass wir nicht in deren Hinterlassenschaften treten. Nach einer guten halben Stunde gelangen wir auf eine Anhöhe, auf der sich ein abgelegener Bauernhof befindet, zu dem die Kühe abbiegen. Endlich wieder freie Bahn!

Nachdem wir 11 Kilometer Strecke und 800 Höhenmeter hinter uns haben, erreichen wir endlich den berühmten Wallfahrtsort O Cebreiro. Gleich am Ortsanfang kommt man an die romanische Iglesia Sta. Maria la Real, die durch ihren schlichten und wuchtigen Stil innen wie außen beeindruckt. Das Besondere an dem Bergdorf, das knapp 1.300 Meter hoch liegt, sind niedrige, aus Feldsteinen rund gebaute Häuser mit tief herabgezogenen Strohdächern, zum Schutz gegen schneereiche Winter und nasskalte Sommer. Dieser Haustyp, Palloza genannt, geht bis auf die vorchristliche Zeit zurück und war bis zur Mitte des vorigen Jahrhunderts noch bewohnt. Heute dienen diese Häuser Touristen und Pilgern als Bars und Souvenirshops. Ein besonders gut erhaltenes ist als Museum eingerichtet. In einem davon machen wir Rast. Es ist drinnen zwar eng und laut, aber wir genießen die urige Atmosphäre.

Es geht weiter steil bergauf bis zum Gipfel des Monte Pozo de Area. Auf ihm steht eine mehrere Meter große, aus Stein gehauene Pilgerfigur, die sich mutig dem Sturm entgegenstellt. Und tatsächlich bläst dort oben ein strammer Westwind, der die gefühlte Temperatur stark nach unten drückt. Durch den heftigen Gegenwind und den hügeligen Steinpfad kommen wir nicht so schnell voran, wie geplant. Wir müssen nochmals einen anstrengenden Anstieg zum Alto de Poio auf uns nehmen, auf dem wir dann so außer Puste sind, dass wir im dortigen Berglokal eine Pause benötigen und uns mit Kaffee, Bier und Boccadillos stärken.

Die fortgeschrittene Zeit drängt zur Eile, da unser Tagesziel noch mehr als 6 Kilometer entfernt ist und wir nicht genau wissen, wo unsere Unterkunft liegt. Auf deren Homepage steht nur ‚bei Biduedo', ohne nähere Adresse. Also marschieren wir stramm weiter, erreichen in gut 1,5 Stunden das kleine Dorf und finden unser Hostal überraschend schnell, da es mit einem großen Schild im Garten angezeigt ist und sich am Anfang der Ortschaft befindet. Es ist Teil eines großen Bauernhofes, der einsam an einem Berghang steht. Das relativ neue Gästehaus ist tief in den Hang hineingebaut. Etwas oberhalb gibt es ein kleines Restaurant, das in einem älteren Flachbau untergebracht ist. Unser Zimmer ist wieder in der untersten Etage, der größte Teil davon im Erdreich. Deshalb ist es auch sehr dunkel und verfügt nur über ein kleines Fenster, durch das etwas Licht und Luft hereinströmen können. Die Ausstattung und das Bad sind aber ordentlich.

Beim Abendessen sitzen wir neben einer jungen Familie aus dem Bayerischen Wald, deren beide Söhne noch im Kindergartenalter sind. Obwohl die Sonne schon hinter den

Bergen verschwunden ist und die Abendkühle sich ausgebreitet hat, wir befinden uns immerhin noch auf rund 1.200 Metern Höhe und der Steinboden fühlt sich eiskalt an, begnügt sich die ganze Familie mit T-Shirts, kurzen Hosen und läuft barfuß. Kein Wunder, denken wir uns, dass sich die beiden Kleinen mit Schnupfen herumplagen und dauernd schniefen. Die Eltern erklären uns, dass sie mit ihren Kindern zwei Wochen den Jakobsweg begehen, wobei die Kleinen in einem geländegängigen, doppelsitzigen Buggy untergebracht seien, in dem auch das Gepäck noch Platz habe. Und als Barfußfreaks laufen sie auf dem Camino tatsächlich ohne Schuhe, wie wir am nächsten Tag feststellen können – Respekt!

Samos - 16.5.2018

Die Nacht war extrem ruhig, wir haben tief und fest geschlafen und fühlen uns wieder richtig fit. Es herrscht eine wunderbare Morgenstimmung, wie man sie so wohl nur auf den Bergen erleben kann. Unten im Tal wabert noch der Nebel und oben beginnt die Sonne mit voller Macht die noch empfindlich kalte Bergluft zu erwärmen. Auf einem gemütlichen Weg wandern wir durch taunasse Bergwiesen hinab ins Tal. Dabei kommen wir nach Ramil, einer menschenleeren Ansiedlung, deren einzige Attraktion eine über 800 Jahre alte Eiche ist, die ihre noch blattlosen, knorrigen Äste wie eine riesige geöffnete Hand gen Himmel streckt. Auf einer einsamen Landstraße läuft uns plötzlich eine Gruppe herrenloser Hunde entgegen, angeführt von einem fast kalbgroßen Tier, einem Berner Sennenhund nicht unähnlich, nur mit schmutziggrauem Fell, längeren Beinen, aber einem gutmütigen Gesichtsausdruck. Um ihn herum rennen kläffend fünf kleinere Hunde, alle sehen abgemagert und ungepflegt aus. Wir bleiben zunächst stehen, um zu beobachten, wie die Horde auf uns reagiert. Aber wir kümmern sie nicht, sie ziehen einfach laut krakeelend vorbei. Kurz darauf erreichen wir Triacastella, wo wir eine erste Rast einlegen. Hier muss man sich entscheiden, ob man über San Xil laufen oder die wesentlich längere Strecke über Samos nehmen will. Natürlich wollen wir das weltberühmte Kloster Samos nicht auslassen und nehmen dafür den 6 Kilometer langen Umweg in Kauf. Über schmale Waldpfade, vorbei an verlassenen Gehöften, aber auch entlang lästiger und gefährlicher Autostraßen geht es bergab. Es ist heute eher ein Spaziergang als eine Wanderung, aber leider gibt es keine einzige Einkehrmöglichkeit mehr, so dass unsere Wanderfreude mit der Länge des Weges verhaltener wird.

Am frühen Nachmittag sehen wir das eindrucksvolle Kloster unten im Tal liegen und erreichen nach einer weiteren Stunde das Klosterstädtchen. Gleich am Ortseingang ist eine gemütliche Bar mit schönem Blick auf das nahegelegene Klosteranwesen, wo wir erstmal unseren Hunger und Durst stillen. Danach suchen wir unser Hotel auf. Es macht einen ruhigen und gediegenen Eindruck, das Personal ist außerordentlich höflich, schleppt unsere schweren Rucksäcke zu unserem Zimmer hinauf, erkundigt sich, ob wir unsere Wandersachen waschen lassen möchten, was wir sofort bejahen. Man bringt gleich darauf einen Wäschekorb, damit wir die Wäsche dort hineinlegen können. Das ist der wahre Luxus, obwohl es „nur" ein preisgünstiges Drei-Sterne-Hotel ist. Das Zimmer ist groß, hell, gemütlich und hat ein geräumiges, modernes Bad. Pilgerherz, was willst Du mehr? Wir machen uns frisch und gehen zum Kloster, um dort an einer Führung teilzunehmen.

Ein älterer Mönch führt durch die prächtige Anlage und erklärt in fließendem Englisch deren Geschichte. Gegründet im 6. Jahrhundert, gehört sie zu den ältesten Klöstern in ganz Spanien und ist mit seinen riesigen Ausmaßen zugleich eines der größten. Die Führung endet in der ausladenden Klosterkirche, in der mehrere Jakobusfiguren ausgestellt sind. Eine davon zeigt Jakobus als den Maurentöter, der mit gezogenem Schwert seinen Fuß auf einen abgeschlagenen Maurenschädel stellt. Eine martialische Darstellung, die dem historischen Hintergrund geschuldet ist. Gleich im Anschluss findet ein Pilgergottesdienst statt, den wir uns nicht entgehen lassen wollen. Auch die meisten anderen Teilnehmer bleiben zur Messe da, darunter Thomas aus Schweden, dessen religionskritische Einstellung doch schwer ins Wanken gekommen sein muss. Er bemerkt uns und wir nicken uns gegenseitig lächelnd zu.

Es ist schon spät geworden und wir machen uns auf den Weg zurück ins Hotel. Zu unserer freudigen Überraschung liegt vor unserer Zimmertür sauber aufgestapelt die fertige Wäsche – super Service! Das Pilgermenü nehmen wir im Hotelrestaurant ein. Es ist erwartungsgemäß gut und reichlich. Wir sind rundum zufrieden.

Sarria - 17.5.2018

Heute liegen nur 15 Kilometer vor uns, deshalb lassen wir es gemütlich angehen und marschieren erst gegen 8.30 Uhr los. Der Weg führt ein gutes Stück entlang des Rio Sarria, den wir nach geraumer Zeit über eine mit Efeu und Schlingpflanzen überwucherte Brücke queren, um dann durch einen dichten, urwaldähnlichen Wald zu marschieren. Nach mehreren einsam liegenden und unbewohnt wirkenden kleinen Ansiedlungen gelangen wir in das ebenfalls wie ausgestorben daliegende Dorf Santo Domingo. An dessen Ortsende steht inmitten einer saftigen Wiese unter frisch ausgetriebenen Bäumen eine kleine, aus Feldsteinen gebaute Kapelle, vor deren verschlossener Eingangstür ein Glockenseil verführerisch herunterhängt. Wer kann da schon widerstehen?
Natürlich ziehen wir kräftig daran und lassen die kleine Glocke, die an einem Holzgestell über dem Kapellendach angebracht ist, in voller Stärke über die Flure schallen. Endlich ein Hauch von Leben in dieser stillen Einsamkeit. Überhaupt sind heute kaum andere Pilger zu sehen und auch keine Bars, in die man hätte einkehren können. Erst kurz vor unserem Tagesziel taucht in einer Wegbiegung völlig überraschend eine kleine Kneipe auf, die aber außer Getränken nichts zu bieten hat.
Bereits am frühen Nachmittag kommen wir in Sarria an. Es ist eine uralte Stadt, deren Ursprung bis in die vorrömische Zeit zurückreicht. Sie liegt zwischen zwei Flüssen auf einem Hügel, auf dem sich eine über 800 Jahre alte Burganlage befindet.

Wir durchlaufen die moderne, lebhafte Unterstadt und gehen den steilen Weg, durchsetzt mit vielen Treppen, hinauf zur alten Oberstadt. Da wir im Gewirr der Sträßchen unser Hotel nicht finden können, drücken wir kurzerhand auf den Klingelknopf einer Polizeistation und bringen über die Sprechanlage unser Anliegen vor. Nach wenigen Augenblicken macht ein überaus höflicher Polizist mittleren Alters die Türe auf und überrascht uns mit perfektem Deutsch und einer Mappe, gefüllt mit Stadtplan und Infomaterial. Wie sich herausstellt, hat er viele Jahre in Bern gelebt, ohne aber den schweizerischen Dialekt angenommen zu haben. Nachdem er uns auf dem Stadtplan gezeigt hat, wo unser Hotel liegt, verabschiedet er sich mit den Worten: „Auch hier gilt: Der Polizist, dein Freund und Helfer!"

Unsere Unterkunft liegt direkt an der Fußgängerzone, nahe der Kirche. Es ist eine kleine Pension mit nur 5 Zimmer. Unseres ist sehr groß und hat einen riesigen Balkon, der sich ideal zum Wäscheaufhängen eignet. Wir erledigen rasch unsere Pflichtaufgaben und machen uns dann auf, das Städtchen anzusehen und Hunger und Durst in einer Bar zu stillen. Wir wollen auch die Burg besichtigen, aber sie ist vollständig von einem Bauzaun umgeben und für Besucher gesperrt. Man erkennt aber durch den Zaun, dass sie dem Verfall preisgegeben ist. Schade, dass man so eine geschichtsträchtige Anlage einfach ihrem Schicksal überlässt. Wir gehen deshalb weiter zum Kloster Monasterio de Santa Maria Magdalena, das sich in der Nähe befindet. Dort muss man klingeln, um hereingelassen zu werden, aber der Besuch des um 1200 gegründeten Klosters lohnt sich wegen der sehenswerten Kirche und des schön gestalteten Kreuzgangs.

Wir laufen zurück in die Fußgängerzone, um in einer Gaststätte mit großer Außenterrasse, die in der milden Abendsonne liegt, ein Pilgermenü zu bestellen. Unvermittelt winkt uns ein Südkoreaner zu sich her und bittet uns mit den Worten: „Hello my friends, come here to me and sit down", an seinen Tisch. Wir nehmen verwundert Platz und er stellt sich als Kangsugjoo aus Seoul vor, ebenfalls auf dem Weg nach Santiago. Er will auch unsere Namen wissen und als er den Nachnamen hört, lacht er laut auf und wiederholt ihn mehrmals, lässt dabei das ‚R' sekundenlang in seinem Rachen rollen und schlägt sich vergnügt auf die Oberschenkel. Ich mache ihn darauf aufmerksam, dass es der Familienname ist und unsere Rufnamen völlig anders lauten. Davon will er jedoch nichts wissen und nennt mich nur noch ‚my friend Rödler', Elke spricht er mit ‚wife of my friend' an. Obwohl es sehr mühsam ist, sich mit ihm zu unterhalten, da er kaum Englisch und gar kein Spanisch spricht, empfindet er doch eine gewisse Freude an unserem Gespräch. Er erkundigt sich nach meinem Alter, ich nenne es ihm, worauf es ihm kurz die Sprache verschlägt, dann nimmt er meine Hand, drückt sie lang und fest, sagt, dass er genauso alt sei und erklärt mit tiefer Inbrunst: „Rödler, you are the friend of my heart!".

Dann zeigt er uns Bilder von seiner Familie und betont voller Selbstbewusstsein, dass er die meiste Zeit im Jahr weltweit auf Reisen sei, während seine Frau daheim mit Pelzmode Geld verdiene. Überraschenderweise will er das ganze Essen bezahlen, was wir aber dankend ablehnen; er scheint dadurch in seiner Ehre ein wenig gekränkt zu sein. Bei der Verabschiedung stellt er aber mit feierlichem Ton fest, dass wir nun Freunde fürs Leben seien, überreicht seine

Visitenkarte und nimmt uns das Versprechen ab, mit ihm in Kontakt zu bleiben und ihn in Südkorea zu besuchen.

(Im Frühnebel, Originalgröße: 24 x 32 cm, Aquarell)

Portomarin - 18.5.2018

Dichter Nebel hat Sarria in ein undurchdringliches Grau gehüllt. Wie Schatten in der Unterwelt huschen die Mitpilger vorbei. Der Weg ist schwer auszumachen. Wir verlassen die Stadt in westlicher Richtung, vorbei am alten Friedhof und kommen alsbald in Auenwälder, die vom stumpfen Grau fast vollständig verschluckt werden. Doch langsam kann man über den Baumwipfeln schwache Aufhellungen erkennen, die sich nach und nach vergrößern. Mit großer Mühe nur kann sich die Sonne gegen den trüben Schleier durchsetzen, um dann am späteren Vormittag ihre ganze Kraft zu zeigen. Bei makellos blauem Himmel genießen wir das unbeschwerte Wandern durch Felder, Wiesen und Auen und geben uns ganz dem Rhythmus des Laufens hin, verfallen in die Mystik des Gehens, wie sie Langstreckenläufer oder Fernwanderer kennen und oft beschrieben haben. Man vergisst sich ganz und ist meist überrascht, wie weit man beim nächsten Halt schon gekommen ist. Doch die Wirklichkeit holt einen immer schnell wieder ein.

In diesem Fall an einer neu erbauten Bar, in der wir eine erste Rast einlegen. Warum um alles in der Welt erstellt man dabei nicht genügend Toilettenanlagen? Wieso glauben die Betreiber solcher Lokale eigentlich, dass eine einzige Toilette für 50 – 70 Personen jedweden Geschlechts ausreichend sei? Und welche Behörde genehmigt so etwas auch noch? Keiner kann darauf eine Antwort geben und so warten rund ein Dutzend Frauen und Männer bei aufkommendem Groll, um in das gewisse Örtchen hineingehen zu können. Auch ich stehe in der Warteschlange und ärgere mich über diese Zustände. Wenigstens habe ich immer meine eigene Papierrolle zur Hand, weil zu allem Übel meist auch kein WC-Papier mehr vorhanden ist.

Wir marschieren weiter über flache Wiesenlandschaften, vorbei an einsamen Weilern und Gehöften. Kurz nach Brea findet sich ein altes Landarbeiterhaus, in dem eine kleine Bar untergebracht ist. Im Schatten eines mächtigen Apfelbaumes stillen wir unseren Durst mit einem kühlen Radler. Kurz danach treffen wir auf einen wichtigen Kilometerstein, mit dem wir schon gerechnet haben. Auf ihm steht nur: 100 km. Aber die Bedeutung wiegt schwerer, es sind nur noch 100 km bis Santiago, nur noch 5 Tagestouren! Zwei gegensätzliche Gefühlslagen steigen in uns hoch. Zum einen ist es die Vorfreude auf das Ziel unserer Pilgerwanderung, auf der anderen Seite kommt eine gewisse Wehmut auf, dass unsere bisher so beeindruckende Wanderung bald zu Ende gehen soll. Wir verdrängen beides und wollen uns nur auf das Hier und Jetzt konzentrieren.

Vor uns auf dem Weg läuft eine ältere Pilgerin aus Bayern, neben ihr ein braungescheckter, zottliger, großgewachsener Mischlingshund. Er sei schon seit Saint-Jean-Pied-de Port immer brav mitgelaufen, erzählt sie uns und ihm gefalle dieses stundenlange Laufen durch fremde Reviere. Sie und ihr Mann sind mit dem Wohnmobil unterwegs, wobei sie sich täglich beim Wandern abwechseln, während der, der Fahrdienst hat, das Wohnmobil zum ausgemachten Standort bringt, aufbaut und das Essen vorbereitet.

Kurz darauf werden wir von Pferdepilgern überholt, die an einem Waldweg dicht an uns vorbeidrängen. In der Regel werden sie von einem einheimischen Reiter angeführt, der schon im Voraus Unterkunft und Verpflegung für Mensch und Tier besorgt und auch die richtigen Routen kennt, auf denen man mit den Pferden problemlos unterwegs sein kann.

Hinter Vilacha führt der Weg steil durch einen Kiefernwald hinab zu einem langgestreckten Stausee, den man über eine breite Brücke queren muss, um am gegenüberliegenden Ufer über viele Treppen hinauf zur Oberstadt von Portomarin zu gelangen.

In den 1950er Jahren wurde dem Rio Mino mit einer riesigen Staumauer der natürliche Verlauf versperrt. Zuvor hat man nördlich des ursprünglichen Ortes, der dem Stausee im Weg stand, auf einem Berghang das neue Portomarin erbaut. Die historischen Bauwerke der alten Stadt wurden dazu abgetragen und Stein für Stein an höher gelegener Stelle wiederaufgebaut, so dass Portomarin sein altes Gesicht nicht ganz verloren hat. Besonders hervorzuheben ist dabei der detailgenaue Wiederaufbau der aus dem 12. Jahrhundert stammenden Kirche San Nicolas, die vom zentralen Platz die neue Stadt dominiert. Charakteristisch ist ihr wuchtiger viereckiger Turm, der einer Trutzburg gleicht. Der Rest des alten Ortes ging in dem aufgestauten See unter.

Nachdem wir unsere Unterkunft bezogen haben, es ist eine einfache Pension, in der wir nur noch ein Dreibettzimmer bekommen haben, das wir aber alleine bewohnen, gehen wir zurück ins Zentrum, um dort etwas zu trinken und zu essen. Lynne und Ian laufen herbei und setzen sich zu uns. Lynne hat heute Geburtstag und gibt eine Runde aus.

Wir besichtigen ausführlich die Stadt und den Stausee und machen uns dann auf die Suche nach einer Gaststätte zum

Abendessen. Plötzlich erschallt von Weitem der uns schon bekannte Ruf: „Rödler, my friend …". Mein neuer Herzensfreund steht vor einem Restaurant, winkt enthusiastisch, kommt uns entgegengelaufen und begrüßt uns freudig. Er bittet uns höflichst an seinen Tisch und so verbringen wir den Abend wieder mit Kangsugjoo.

Zurück im Hostal freuen wir uns auf die verdiente Bettruhe. Doch daraus wird nichts. Unmittelbar vor unserem Zimmerfenster befindet sich eine kleine Außenterrasse mit einem Tisch und vier Stühlen, die für diese Nacht zur Raucherecke auserkoren worden ist. Dort findet sich alsbald eine ganze Anzahl Nikotinanhänger ein, um zu qualmen und zu quatschen. Rauchgestank und Lärm dringen mächtig in unser Zimmer hinein. Wir schlagen lautstark das Fenster zu und lassen den Rollladen runterknallen, was aber die redseligen Raucher in keiner Weise zu stören scheint. Im Gegenteil, es gesellen sich immer mehr zu der lustigen Runde, die sich erst in den frühen Morgenstunden auflöst.

Palas de Rei - 19.5.2018

Da die Pension kein Frühstück anbietet, gehen wir noch vor Tagesanbruch ins Zentrum von Portomarin, um nach einer geöffneten Bar zu suchen. Wir finden auch eine und sind die ersten Gäste, der Wirt kommt zugleich und nimmt die Bestellung auf. Kurz darauf drängen immer mehr Leute hinein, bis der Laden brechend voll ist. Uns wird aber nicht, so wie es normal ist und wir es eigentlich auch erwarten, zuerst das Essen serviert. Nein, die nach uns kommenden Spanier fackeln nicht lange und machen mit großem Geschrei Druck auf den Wirt, der dem offensichtlich nachgibt und sie der Reihe nach bedient. Ich winke ihm mehrmals, aber er ignoriert uns. Kopfschüttelnd schultern wir unsere Rucksäcke und verlassen verärgert das Lokal.

So machen wir uns ohne Stärkung auf die Strecke, die zunächst hinunter zum Stausee, dann wieder steil durch den Kiefernwald bergauf führt. Nach gut zwei Stunden und 9 Kilometer Marsch kommen wir endlich zur nächsten Bar und gönnen uns zum Trost ein großartiges Frühstücksmenü. In dem Lokal sind auch Marie und Erich aus der Schweiz. Wir haben sie schon auf dem Weg hierher getroffen und mit ihnen über das deutsch-schweizerische Verhältnis gefrotzelt, so wie es eben gute Nachbarn tun. Wir unterhalten uns wieder prächtig und laufen nebeneinander die Wegstrecke bis zur nächsten Bar, die 70 Minuten entfernt liegt. Dort trinken wir gemeinsam ein Bier und marschieren dann weiter, jeder in seinem Rhythmus. Gegen Mittag treffen wir in einem Lokal wieder aufeinander und führen unser Gespräch fort. Bei solchen Camino-Unterhaltungen kommt man immer irgendwie darauf zu sprechen, wieso man den Jakobsweg macht. Ich frage Erich, ob er gläubig sei und er antwortet: „Ich glaube nicht – ich weiß!" Auf meinen erstaunten Gesichtsausdruck hin erklärt er, dass er schon einmal klinisch tot gewesen, aber wieder ins Leben zurückholt worden sei. Seitdem sei ihm sein Glaube zur Gewissheit geworden. Weiter berichtet er, dass er in der Folgezeit immer wieder in Gottesdiensten spirituelle Erlebnisse gehabt habe, die ihn tief aufgewühlt hätten.

Im Verlauf des Nachmittags kommen wir in unserer Herberge an und sind positiv überrascht. Es ist eine wunderschöne Hotelanlage in einer großen Waldlichtung, deren Gastzimmer in mehreren langgestreckten, eingeschossigen Holzhäusern untergebracht sind. Alles ist modern, ordentlich und sauber und wir freuen uns auf eine ruhige Nacht.

Gegen später laufen wir die etwa 2 Kilometer in das Städtchen mit dem verheißungsvollen Namen ‚Palas de Rei'. Der Name täuscht, denn es ist ein schmuckloser Ort ohne irgendwelche außergewöhnlichen oder historischen Bauwerke. Woher der glanzvolle Name kommt, weiß niemand so recht, denn hier stand nie ein Königspalast. Im Zentrum treffen wir wieder auf das Paar aus der Schweiz und trinken zusammen Radler, das Erich großzügig spendiert.

Auf dem Rückweg kommen wir an einer kleinen Kirche vorbei, in der gerade ein Vorabendgottesdienst zelebriert wird. Da morgen Pfingsten ist, gehen wir hinein und finden in der letzten Reihe gerade noch ein Plätzchen in der sonst vollständig gefüllten Kirche. Wir nehmen an der Kommunion teil und lassen uns den Pilgersegen geben. Im hinteren Teil des Gotteshauses ist ein Tisch aufgestellt, an dem schon eine ganze Reihe von Pilgern wartet, zu denen auch wir uns gesellen, um sich den kirchlichen ‚Sello Parroquia De Sto. Tirso De Palas De Rei' ins Credencial stempeln zu lassen.

Zum Abendessen gehen wir in unser Hotelrestaurant, dessen riesiger Speiseraum nur wenig frequentiert ist. Lynne und Ian kommen ebenfalls hereinspaziert, auch sie übernachten hier, und wir freuen uns, gemeinsam das Abendessen einnehmen zu können. Unser Gespräch dreht sich bald wieder um philosophische Fragen. Ian betont erneut, dass er in keiner Weise religiös sei, da aber der Camino doch sehr lang wäre, habe man genügend Zeit zum Nachdenken. Er gibt zu, dass er dabei oft die Natur bewundere und, falls es überhaupt einen Gott gebe, was er selber aber vollkommen ausschließe, dann könne es nur denkbar sein, dass Gott überall präsent sei, insbesondere in der Natur. Wir diskutieren noch lange über den Sinn des Lebens und der Religion. Letztlich beendet er aber alle diese Diskurse mit der Feststellung: „I'm not religious and not spiritual!" Aber er scheint sich doch eine Menge Gedanken zu dieser Thematik gemacht zu haben, denn seine Argumente sind fachlich fundiert und logisch aufgebaut. Wir kommen jedoch zu keinem gemeinsamen Schluss, was aber unserer gegenseitigen Sympathie und Wertschätzung keinerlei Abbruch tut. Auf den Grund ihres Pilgerns angesprochen, antwortet er lakonisch: „It's only walking, eight weeks only walking." (Es ist nur das Wandern, acht Wochen nur wandern.) Es wird ein langer, launiger Abend, an dem auch das gute Essen und der qualitativ überzeugende Hauswein ihren Anteil haben.

Melide - 20.5.2018

Nach einer ruhigen Nacht und genussreichem Frühstück beginnen wir ganz entspannt bei bestem Frühsommerwetter unsere Tour. Es ist Pfingstsonntag und viele Kurzstreckenwanderer sind unterwegs. Um die ‚Compostela' zu erhalten genüg es, die letzten 100 km bis nach Santiago zu Fuß zurückzulegen. Zum Beweis, dass man dies auch tatsächlich gemacht hat, muss man sein ‚Credencial' zweimal pro Wandertag an unterschiedlichen Stellen abstempeln lassen. Viele nutzen die freien Tage zwischen Christi Himmelfahrt und Pfingsten, um diese Strecke zu laufen. Verständlich, denn es ist eine lohnenswerte Wanderung. Nervig wird es nur für die Langstreckenpilger, die sich jetzt in der Phase des ‚meditativen Pilgerns' befinden und sich eigentlich nach ruhigem Wandern und innerer Einkehr sehnen, wenn die Feiertagspilger, meist in Gruppen marschierend, dabei oft laut diskutierend und gestikulierend, sich so gar nicht in diese Befindlichkeit einfügen wollen. Und so ertappen auch wir uns dabei, dass wir uns über manche dieser lauten Mitpilger ärgern, die nun deutlich in der Überzahl sind und die Wege zunehmend bevölkern. Auf jeden Fall ist es jetzt mit dem stillen Wandern auf einsamen Pfaden endgültig vorbei.

Der Jakobsweg geht durch hügelige Eukalyptuswälder, die die Luft mit ihrem typischen Duft würzen, unterbrochen von saftigen Wiesen, die von undurchdringlichen, meterhohen Buschhecken umsäumt werden. Uns überrascht immer wieder die üppige Pflanzen- und Vogelwelt, die wir hier antreffen. Oft sitzt ein Rotkehlchen oder ein anderer Singvogel irgendwo auf einem herausragenden Ast und pfeift fröhlich vor sich hin, bis man ganz nah an ihn herankommt, um dann rasch im Gebüsch zu verschwinden. Immer öfter sieht man jetzt die ‚Horreos', schmale Erntespeicher, die auf hohen Steinsäulen stehen, um Mäuse und Ratten abzuhalten. Sie sind zu einer Art Wahrzeichen Galiciens geworden.

Am späten Mittag erreichen wir Melide, wo es sehr lebhaft zugeht. Wie im ganzen Land treffen sich die Spanier auch hier sonntags mit ihren Familien in den Bars und Restaurants, um gemeinsam zu essen und zu feiern. Die Stadt ist überfüllt mit gutgelaunten Leuten. In dem Gewimmel können wir unsere Unterkunft nicht finden und ein aufmerksamer Einheimischer mittleren Alters fragt uns, ob er uns den Weg zeigen dürfe. Wir nehmen das freundliche Angebot gerne an und er führt uns durch das Gewirr der engen Gassen zu unserer Pension, erklärt dem Wirt unser Anliegen und verabschiedet sich äußerst höflich. Wir beziehen ein neu renoviertes Zimmer und stürzen uns nach einer kurzen Erfrischungspause wieder ins Getümmel, um in einer etwas abseits gelegenen Bar Getränke und Brötchen zu uns zu nehmen, durch die Altstadt zu bummeln und die beiden historischen Kirchen zu besuchen, in denen wir Pilgerstempel bekommen.

Inzwischen ist es auch schon wieder Abend geworden und Zeit, die bekannte Pulperia Ezequiel aufzusuchen, um dort das galicische Nationalgericht Pulpo zu verkosten. Die Tintenfische werden dabei in großen Kesseln mit reichlich Olivenöl, Paprika und anderem Gemüse gegart und gut gewürzt mit Reis oder Brot serviert. Dazu gehört selbstverständlich ein guter spanischer Rotwein. Das Essen ist zwar nicht ganz billig, aber einfach köstlich. Man sollte es unbedingt einmal probieren, wir haben es mehrfach getan. Mit vollem Bauch schlendern wir zurück in unsere Unterkunft, zu der auch eine Bar gehört, sitzen dort auf der Außenterrasse bei einem Glas Bier (oder waren es zwei?) und genießen die letzten Sonnenstrahlen dieses entschwindenden Tages.

Arzua - 21.5.2018

Heute haben wir eine angenehm kurze Etappe von rund 15 km vor uns. Kurz nach Melide kommen wir an einem unscheinbaren alten Kirchlein vorbei, das wir wahrscheinlich achtlos liegengelassen hätten, wenn nicht ein junger Pfarrer mit Templer-T-Shirt und einer lauten Glocke in der Hand uns stürmisch begrüßt hätte. Er bittet uns in sein Gotteshaus, erklärt dessen Geschichte und Bedeutung und bietet kostenlos Tee, Kaffee und Gebäck an. Mit einem herzlichen Dank und einer kleinen Donativo verabschieden wir uns, um dem umtriebigen Geistlichen wieder Gelegenheit zu geben, die nächsten vorbeiziehenden Pilger mit weit hörbarem Gebimmel zu begrüßen. Der Weg schlängelt sich durch das galicische Hügelland, wir durchwandern duftende Eukalyptuswälder und queren den Rio Boente über eine Steinfurt. Unterwegs entdecken wir das neu aufgemachte Café ‚el Aleman' mit einer großzügig und schön angelegten Terrasse und endlich mal wieder genügend und sehr sauberen Toiletten.

Es wird immer auffallender, dass sich die bisherige Camino-Grundstimmung deutlich verändert hat. Die Langstreckenpilger sind nur noch eine Minderheit und fallen bei der großen Zahl an Kurzstrecklern und sogenannten Buspilgern kaum noch ins Gewicht. Auf dem Jakobsweg ist es auffallend laut geworden und in den Bars findet man immer weniger Platz.

Schon um die Mittagszeit sind wir in Arzua. Der Ort zieht sich entlang der viel befahrenen Nationalstraße. Von seiner alten

Geschichte und Bedeutung zeugen nur noch zwei romanische Kirchen. Wir müssen den ganzen Ort durchlaufen und nochmals fast drei Kilometer dranhängen, bis wir unser Quartier erreichen, das sich an einer lebhaften Straßenkreuzung befindet und schon sehr in die Jahre gekommen ist. Es atmet den Charme der 1950er Jahre, alle Möbel sind aus zeittypischem Resopal. Das allein wäre noch kein Problem, aber unser Zimmer stinkt unerträglich nach scharfem Desinfektionsmittel. Selbst ein halbstündiger Durchzug schafft keine Abhilfe und uns befällt Übelkeit. Also gehen wir zur Rezeption, um uns zu beschweren. Aber erst nachdem die Hotelleitung sich selbst von der Situation überzeugt hat, bekommen wir ein anderes Zimmer zugewiesen. Wenigstens verfügt das Hotel über eine Waschmaschine und einen Trockner, die wir benutzen können.

Wir schlendern zurück in das Städtchen, um uns dort ein wenig umzusehen und Kaffee zu trinken. Zum Abendessen suchen wir ein Restaurant auf, das als Pilgermenü Pulpa anbietet. Das Tintenfischgericht schmeckt wieder hervorragend, doch der Wirt trägt eine äußerst miese Stimmung zur Schau, knallt kommentarlos Essen und Getränke auf den Tisch und verdirbt uns dadurch den Appetit. Wir verzichten deshalb auf das ‚postre' (Nachtisch) und natürlich auch auf das Trinkgeld.

Auf dem Nachhauseweg sehen wir Lynne und Ian, die vor einer Bar noch einen Nachttrunk zu sich nehmen. Wir setzen uns dazu und der Abend nimmt doch noch eine fröhliche Wendung.

Pedrouzo / Arca - 22.5.2018

Heute ist der vorletzte Tag vor unserem großen Ziel. Am frühen Vormittag laufen wir in den strahlend blauen Frühsommertag hinein. Es geht durch weite Wiesenlandschaften und Wälder. Das Wandern ist sehr angenehm. Nach zwei Stunden sehen wir eine Pilgergaststätte am Wegesrand, in die wir einkehren wollen. Davor steht Peter aus Tschechien, der sich gerade mit seinen beiden Hunden zum Aufbruch bereit macht. Er kommt aus der Südostecke seines Heimatlandes und sagt, dass er schon seit Anfang September vergangenen Jahres mit seinen Hunden auf Pilgertour sei und sich schon wieder auf dem Rückweg befinde. Im kommenden Herbst hoffe er wieder zu Hause zu sein, dann habe er insgesamt rund 5.000 km zu Fuß zurückgelegt. Das ist nun wirklich eine Dimension, über die man nur staunen kann. Peter ist Mitte 30, kräftig gebaut und, wie nicht anders zu erwarten, gut durchtrainiert. Seine beiden Hunde, schlanke, langbeinige, kurzhaarige, braun gescheckte Mischlingshunde, folgen ihm aufs Wort. Ein Blick von ihm genügt meist und sie wissen, was sie zu tun haben. Sie tragen ihr Essgeschirr und ihr Fressen in Gepäcktaschen, wie man sie vom Fahrrad her kennt, selbst auf dem Rücken. Peter hat einen gewaltigen Pilgerstock dabei, den er von seinem Vater bekommen hat. Der sei schon in den 1960er Jahren mit diesem Holzstab die gleiche Strecke gepilgert, berichtet er uns stolz, und das habe er sich zum Vorbild genommen. Außerdem brauche er den schweren Stock, um sich und seine treuen Gefährten zu schützen, denn mit ihnen bekomme er oft kein Nachtquartier und müsse deshalb im Freien übernachten. Und da passiere es immer wieder, dass wilde Hunde sich an ihr Lager heranschleichen und mit bösem Gebelle versuchen, ihn und seine Hunde aus ihrem Revier zu vertreiben.

Wir wandern weiter und müssen mehrmals die Nationalroute queren, nicht immer ein gefahrloses Unterfangen. Nachdem wir endlich wieder einen Wald- und Wiesenweg erreicht haben, gelangen wir an eine entlegene Bar, die idyllisch in einer verwilderten Obstbaumwiese liegt. Die Bedienung kommt selber an den Tisch, um die Bestellung aufzunehmen, eine seltene Ausnahme in so einsam gelegenen Lokalen. Der Grund dafür wird mir schlagartig klar, als ich in die Bar hineingehe, um das gewisse Örtchen aufzusuchen. Es sieht dort düster und schmuddelig aus, kein einziger Gast ist zugegen. Auf dem Tresen türmt sich das verschmutzte Geschirr zu ganzen Gebirgen und im Abwaschbecken vergammeln verschimmelte Essensreste, die sich seit Tagen dort angesammelt haben dürften, umschwärmt von Heerscharen gieriger Fleischmücken. Doch das wird noch bei Weitem von dem Anblick übertroffen, der sich mir beim Öffnen der Toilettentür bietet. Ein Würgereflex überkommt mich und ich stürze ins Freie, um möglichst schnell mit Elke diesen Ort des Ekels zu verlassen. Doch dummerweise hat die Wirtin schon die Getränke gebracht, zum Glück noch in den Flaschen. Die putzen wir vorsichtshalber mit unserem Reservewasser fein säuberlich ab, verzichten auf die Gläser, nehmen ein paar hastige Schlucke, legen das Geld auf den Tisch und machen uns schleunigst aus dem Staub.

Nach weiteren zwei Stunden gönnen wir uns eine zusätzliche Pause in einer ordentlichen, sauberen Gaststätte, mitten in einem lichten Wald gelegen. Das Besondere an ihr ist die viele Meter lange Begrenzungsmauer, in die Tausende Bierflaschen einbetoniert sind.

Die letzten Kilometer nach Petrouzo / Arca geht der Camino entlang der lebhaften Nationalstraße und mündet dann in eine großen Umgehungsschleife, die durch einen dichten Wald führt. Am frühen Nachmittag kommen wir an. Unser Hotel ist modern und sauber; es befindet sich, wie kann es auch anders sein, direkt an der stark frequentierten Nationalstraße.

Am Abend gehen wir ins Zentrum des Ortes, treffen dort zufällig unsere alten Camino-Freunde Lynne und Ian und suchen eine Pulperia auf, um dort gemeinsam zu essen und den letzten Abend vor unserem großen Ziel zusammen zu verbringen. Mit an unserem großen Tisch sitzen zwei junge Spanier und eine Brasilianerin, ebenfalls Pilger. Die junge Südamerikanerin erfreut uns mehrmals mit Liedern aus ihrer Heimat, die sie überaus gekonnt vorträgt. Es wird ein langer, munterer Abend, wenn auch bei uns allen ein wenig Wehmut mitschwingt angesichts des baldigen Endes unserer Pilgerwanderung.

Santiago de Compostela - 23.5.2018

Heute ist der große Tag. Die Vorfreude auf Santiago d. C. hat die Wehmut vom Vorabend verdrängt. Wir verlassen Pedrouzo/Arca und gehen durch einen Eucalyptuswald gemächlich bergan. Schon bald erreichen wir das Gelände des Flughafens von Santiago. Die Pilgerscharen werden immer größer, man kommt sich vor wie auf dem Betriebsausflug eines Großunternehmens. Es geht vorbei an Lavacolla (lavar = waschen), wo sich die Pilger der früheren Jahrhunderte in einem Bad unweit der ‚Capela de San Roque' gewaschen und, sofern überhaupt vorhanden, frische Kleidung angezogen haben sollen, um möglichst sauber in der Kathedrale des Apostels anzukommen.

Auf einem Waldweg geht es weiter bergauf nach Villamayor, wo man schon die Antennen und Studios der beiden galicischen Fernsehsender sieht. Wenige Kilometer später sind wir am ersten Höhepunkt unserer Tagesroute angekommen, dem Monte de Gozo (Berg der Freude). Von hier aus kann man zum ersten Mal das Ziel der Pilgerreise in der Ferne erkennen. Viele frühere Pilger sollen bei diesem Anblick mit Tränen in den Augen auf die Knie gefallen sein, um Gott für seinen Beistand zu danken. Auch uns erfüllt eine gewisse Dankbarkeit, dass wir es bis hierher ohne größere Blessuren geschafft haben. Wir besuchen deshalb die ‚Capilla de San Marcos' und zünden dort eine Kerze an. Anschließend gehen wir zum Gipfel des Berges, um das monumentale Denkmal anzuschauen, das anlässlich des Besuchs von Papst Johannes Paul II im Jahr 1982 errichtet worden ist.

Und dann wandern wir gemächlich die letzten Kilometer hinunter in die Stadt. Der Pilgerstrom hat sich mittlerweile zerstreut und wir sind ziemlich allein auf dem Weg, der uns ins Zentrum führen soll. Wir kommen vorbei an den Massenunterkünften, die eigens für den Papstbesuch erbaut worden sind und mehr als 3.000 Menschen Platz geboten haben. Auch heute noch stehen dort 800 Betten für Pilger bereit.

Santiago zeigt sich zunächst noch nicht als Pilgerstadt, sondern als moderne und hektische Großstadt. Wir laufen durch die unvermeidlichen Gewerbegebiete, die so gar nicht zu den Vorstellungen passen, die man von Santiago im Kopf hat. Endlich erreichen wir die eigentliche Stadtgrenze, angezeigt durch ein großes, mehrere Meter langes Stahlgitter, auf dem in leuchtend roten Lettern der Stadtname steht, vollgehängt mit bunten Karten, Jakobsmuscheln, Gedenktäfelchen und vielem mehr - das Ganze vor einem sattgrünen Buschwerk, so dass es noch besser zur Geltung kommt. Es ist ein beliebtes Fotomotiv, das wir auch gerne mit unserer Kamera festhalten.

Entlang der im Gehweg eingelassenen Jakobsmuscheln kommen wir dem Stadtzentrum näher, die Anzahl der Fußgänger nimmt dramatisch zu und schließlich gelangen wir an den Platz Porta do Camino, wo die Altstadt beginnt. Dort herrscht ein Wirrwar von Straßen und ein Gewimmel von Menschen. Und kurz danach stehen wir an der Praza da Immaculada – vor uns die erhabene Kathedrale, hellbraun leuchtend in der gleißenden Mittagssonne. Überwältigt von dem Anblick setzen wir uns auf eine Mauer, um dieses Bild in uns aufnehmen und verinnerlichen zu können. Wir sind am

Ziel unserer Pilgerreise angekommen und umarmen uns fest. Es ist für uns fast unglaublich und tief bewegend. Der Versuchung, sofort in die Kathedrale zu gehen, widerstehen wir. Dieses Erlebnis wollen wir uns bis zum Pilgergottesdienst am Abend aufheben.

John Birkenhauer, der Camino-Freund aus Texas, kommt uns freudestrahlend entgegengelaufen und begrüßt uns überschwänglich. Danach suchen wir das Pilgerbüro auf, das sich nur wenige Schritte entfernt befindet, um dort schnell den Abschlussstempel in unsere Credencials eintragen zu lassen, die Voraussetzung zum Erhalt der begehrten ‚Compostela', der offiziellen Bestätigung für den erfolgreichen Abschluss der Pilgerwanderung. Doch zu unserem Entsetzen warten dort schon Hunderte von Pilgern, die in einer langen Schlange stehen, die sich rund um das Haus bis in den großen Garten erstreckt. Wir stellen uns wohl oder übel hinten an und schon bald haben sich hinter uns auch schon wieder mehrere Dutzend Leute eingereiht. Es geht nur schleppend voran und nach über drei Stunden quälender Warterei, den schweren Rucksack auf dem Rücken und ohne irgendeine Sitzgelegenheit, sind es immer noch ungefähr 10 Meter bis zur Stempelstelle. Über der Eingangstür prangt eine große Digitaltafel, auf der angezeigt wird, zu welchem Mitarbeiterplatz sich der nächste Pilger begeben soll. Dabei wird einem schlagartig klar, weshalb es hier so langsam vorangeht. Von den 17 Arbeitsplätzen sind nur vier besetzt. So dauert es nochmals eine Stunde, bis wir an der Reihe sind. Es soll wahrscheinlich eine letzte Prüfung sein, ob die ausgelaugten Wanderer auch wirklich die sprichwörtliche Gelassenheit des Pilgers verinnerlicht haben. Jeder Einzelne wird aber freundlich begrüßt, höflich befragt, woher er kommt, die verschiedenen Stempel des Credencials werden überprüft und, wenn alles in Ordnung ist, bekommt man seine Compostela ausgehändigt. Und endlich halten wir sie wirklich und tatsächlich in den Händen – der Ärger über das nervige Warten weicht schlagartig einer überflutenden Freude.

Die lange Warterei hat so viel Zeit gekostet, dass wir nun schleunigst unser Hotel aufsuchen müssen, um es noch rechtzeitig zum Abendgottesdienst zu schaffen, den wir unter keinen Umständen versäumen wollen. Wir laufen eilig durch die wunderschöne Altstadt, vorbei an Straßenmusikanten, die auf dem Dudelsack und mit einer Geige wohlbekannte Kirchenlieder aufspielen, durch das Gedränge der vielen Touristen und Pilger, um an das andere Ende des Stadtzentrums zu gelangen, wo das Hotel liegt. Wir haben uns in Santiago eine gut bewertete Unterkunft genehmigt, die sich in einem alten Patrizierhaus unmittelbar neben einer ehemaligen Klosterkirche befindet. Das ganze Haus ist innen modern renoviert, die Zimmer zweckmäßig eingerichtet. Wir machen uns rasch frisch, bringen die verstaubten Wanderklamotten zum Wäscheservice, der zu so einem Haus dazugehört, und genehmigen uns noch Kaffee und Brötchen in der hoteleigenen Cafeteria. Danach machen wir uns in freudiger Erwartung auf den Weg zur Kathedrale.

Mit klopfendem Herzen betreten wir durch die uralte Pilgerpforte das ehrwürdige Gotteshaus und befinden uns sogleich in der riesigen Innenhalle. Obwohl wir eine Viertelstunde vor Messebeginn da sind, ist die Kirche schon überfüllt und wir müssen uns mit einem Platz auf der Treppe begnügen, die vom Eingangsportal ins Kircheninnere führt.

Die Stimmung in dem Gotteshaus ist überwältigend. Aus der ganzen Welt sind Leute anwesend. Ein alter Priester begrüßt die Pilger und nennt die Länder, aus denen sie kommen. Er braucht dazu längere Zeit, aber es ist beeindruckend zu hören, aus welchen weit entfernten Ecken der Erde sich die Menschen hier versammelt haben, um gemeinsam das glückliche Ende ihrer Pilgerreise zu feiern. Obwohl der Gottesdienst in Spanisch abgehalten wird und wir kaum etwas verstehen, so ist er doch für uns alle ein einmaliges und ergreifendes Erlebnis. Am Ende der Messe wird wie üblich der Pilgersegen erteilt, der uns innerlich wieder sehr nahe geht. Trotzdem sind wir ein wenig enttäuscht, dass das ,Batofumerio' nicht zum Einsatz gekommen ist, ein mehr als ein Zentner schweres silbernes Weihrauchfass, das an einem langen dicken Seil vor dem Altar von der Decke hängt. Von unserem Wanderführer wissen wir, dass es nur zu besonderen Anlässen benutzt wird, und heute ist Mittwoch nach Pfingsten, also kein außergewöhnlicher Tag. Doch plötzlich betreten fünf in weinroten Sutanen gewandete Messdiener den Altarraum, binden das Seil von seiner Befestigung los, zünden den Weihrauch im Batofumerio an und beginnen, das schwere Gefäß mit wuchtigen Zügen über die Köpfe der Messebesucher hinweg zu schwenken, bis es in riesigen Bögen vom einen Ende des Kirchenschiffs bis zum anderen Ende pendelt. Dazu singt eine Nonne mit engelsgleicher Stimme einen himmlischen Choral, begleitet von den einfühlsamen Klängen der Orgel. Man fühlt sich wahrlich wie im Paradies. Die Besucher sind begeistert und zücken ihre Handys, um dieses eindrucksvolle Schauspiel für die Ewigkeit festzuhalten. Diese Messe ist für die meisten

Pilger der emotionale und spirituelle Höhe- und Schlusspunkt ihrer Wanderung, so wie für uns auch. Noch ganz benommen von diesen Eindrücken verlassen wir die Kirche.

Mein Handy summt. Ian hat eine SMS geschrieben, in der er uns mitteilt, dass sie in einem Restaurant unterhalb der Kathedrale auf uns warten. Wir gehen die wenigen Meter zu der angegebenen Adresse und kommen in eine sehr noble und, wie sich später herausstellen wird, auch entsprechend teure Lokalität. Fotos an den Wänden im Eingangsbereich zeigen, dass hier schon Johannes Paul II während seines Besuches in Santiago gespeist hat. Also befinden wir uns quasi in geheiligten Hallen und dafür kann doch kein Preis zu hoch sein.

Unsere Freunde sitzen schon zusammen mit einem anderen Paar an einem voll beladenen Tisch und scheinen bester Laune zu sein. Wir gesellen uns dazu. Evelyn und Damien stellen sich vor, es sind Pilger aus Irland, beide weit in den Fünfzigern, die den Camino Inglés (englischer Weg) gelaufen sind, der von der nordwestlichsten Ecke Spaniens rund 120 km in südlicher Richtung nach Santiago führt. Wir bestellen uns ebenfalls eine Paella und eine Flasche guten Rioja-Rotwein, um mit unseren alten und neuen Freunden die gute Ankunft in Santiago zu feiern. Es wird ein fröhlicher Abend mit lauten Diskussionen philosophisch-religiöser und politischer Art, wobei auch der Brexit strittig zur Sprache kommt. Elke und ich staunen dabei immer mehr, wieviel Alkoholika die Insulaner vertragen, ohne dass man es ihnen wirklich anmerkt. Um Mitternacht verabschieden wir uns und jedes Paar strebt seinem Hotel zu. Ein außerordentlicher Tag ist zu

Ende gegangen, der für immer einen herausragenden Platz in unserem Gedächtnis und in unserem Herzen haben wird.

(Die Kathedrale von Santiago de Compostela,
Originalgröße: 30 x 40 cm, Acryl)

Santiago de Compostela - 24.5.2018

Heute ist Ausruh- und Besichtigungstag. Wir schlafen aus, frühstücken gemütlich und schlendern dann durch die turbulente Altstadt, die in ihrer Gesamtheit seit 1985 zum Weltkulturerbe gehört. Jährlich besuchen hunderttausende Touristen und Pilger die Stadt, die nach wie vor neben Rom und Jerusalem zu den drei wichtigsten Wallfahrtsorten der Christenheit gehört. Doch Santiago hat noch mehr zu bieten. Es ist mit rund 100.000 Einwohnern Hauptstadt Galiciens, beherbergt seit mehr als 500 Jahren eine bekannte Universität und ist zudem Sitz des Erzbischofs. Und sie ist vollgestopft mit Shops für jeden erdenklichen Bedarf.

Wir wollen zunächst eingehend die Hauptattraktion Santiagos besichtigen, die weltberühmte Kathedrale. Von der ursprünglichen Kirche des 9. Jahrhunderts ist nichts mehr zu sehen. Diese wurde, so wie auch die gesamte Stadt, im Jahr 997 von den Mauren zerstört und ihre Bewohner versklavt. Zwei Jahrhunderte später, nachdem die maurischen Besatzer zurückgedrängt werden konnten, wurde sie durch einen romanischen Bau ersetzt und dieser wiederum mit dem heutigen Dom überbaut. Wir betreten das Gotteshaus durch das große Eingangsportal, die Portico de la Gloria, gegen Ende des 12. Jahrhunderts erbaut und mit mehr als 200 Statuen reich verziert. Im Hauptbogen thront Christus als Weltenrichter. Dahinter steht an der Mittelsäule der in Stein gehauene Jakobus, mit gütigem Blick jeden begrüßend, der an ihm vorbeigeht. Dort sind auch die Vertiefungen eingelassen, in die nach altem Brauch die Pilger ihre Hände hineinlegen. Drinnen ist man von der schieren Größe der Kathedrale überwältigt. Das Mittelschiff ist genau 100 Meter lang, 8,5 Meter breit und 20 Meter hoch und lenkt den Blick auf den prächtigen Hauptaltar, über dem Grab des Apostels errichtet und vollkommen mit Gold verziert; in seiner Mitte würdevoll auf einem silbern glänzenden Thron die überdimensionale Statue des Heiligen, umschwebt von einer großen Schar triumphierender Engel. Über eine hölzerne Treppe gelangt man an die Rückseite der Statue, um nach uraltem Ritus den Apostel von hinten umarmen zu können. Mit einem Kuss auf den Silbermantel des Heiligen endet für den katholischen Pilger die Wallfahrt. Auch wir schließen uns der Tradition an und umarmen Jakobus. Anschließend steigen wir hinab in die Gruft, um den ebenfalls ganz in Silber gehaltenen Sarkophag des Apostels zu besichtigen.

Nach so viel Spirituellem gelüstet es uns wieder nach dem Profanen und wir suchen eine Bar auf, um unsere leiblichen Bedürfnisse zu bedienen. Zudem müssen wir uns noch um den Rückflug kümmern und ergattern in einem Reisebüro unweit der Kathedrale gerade noch die letzten beiden Sitze eines Fluges nach Frankfurt a.M. für den letzten Tag des Monats. Einen Direktflug nach Stuttgart gibt es von hier aus nicht.

Wir bummeln weiter durch die engen Gassen, erstehen in einem der unzähligen Souvenirläden zwei Jakobus-Silberglöckchen und stoßen unvermittelt auf Corie und Micha aus Dänemark. Wir fallen uns freudestrahlend in die Arme und gratulieren uns gegenseitig zur glücklich überstandenen Wanderung. Wenig später sehen wir Jesus aus Mexico in einer übervollen Gasse. Aber er ist zu weit weg, um unser Rufen zu hören. Schade, aber wir freuen uns für ihn, dass auch er den

Camino gemeistert hat. Dunkle Wolken ziehen auf und zwingen uns, den Rückweg einzuschlagen.

Gerade noch rechtzeitig in unserem Hotel angekommen, zucken schon grelle Blitze über den mittlerweile schwarz gewordenen Himmel, denen ohrenbetäubender Donner und Starkregen folgen, der im Nu die Menschen von Straßen und Plätzen fegt. Wir nutzen die Zeit zu einer Kaffeerunde in der Cafeteria und einem anschließenden Nickerchen.

Das Unwetter hat sich mittlerweile verzogen und wir schlendern zum Abendessen wieder in das Restaurant, in dem wir gestern waren, gewissermaßen als kleine Nachfeier für uns allein.

Cee - 25.5.2018

Die Nacht war laut und schlaflos. Hundertschaften von jungen Leuten zogen unter unserem Fenster singend und johlend in die Stadt. Es muss wohl ein Jugendtreffen in Santiago stattfinden, das mit einer Nachtwanderung eingeleitet wurde. Aber wir haben heute keinen anstrengenden Tag vor uns, so dass wir trotzdem gut gelaunt bleiben.

Da wir für die Strecke nach Cee keine geeignete Unterkunft buchen konnten, haben wir uns entschlossen, mit dem Bus den Großteil der Strecke zu fahren und die restlichen Kilometer zu Fuß zu gehen. Wir verbummeln den Vormittag, da wir erst um 13.15 Uhr am Busbahnhof sein müssen, der etwas außerhalb liegt. Wir sind auch pünktlich da, der Fahrer kommt ebenfalls rechtzeitig, hängt eine große Hinweistafel an die vordere Busscheibe, die das Ziel Cee anzeigt, und fordert die Fahrgäste auf, das ganze Gepäck im Kofferraum zu verstauen. Nachdem wir alle im Bus Platz genommen und geraume Zeit gewartet haben, steigt auch der Fahrer zu, nimmt das Mikrofon zur Hand und erklärt seelenruhig, dass das nun doch das falsche Fahrzeug sei und wir alles wieder ausräumen und in den Bus umladen sollen, der demnächst eintreffen werde. Mit hörbarem Geraune steigen alle wieder aus, zerren ihre Sachen heraus und warten auf das andere Gefährt, das nach einiger Zeit auch tatsächlich eintrifft. Über eine halbe Stunde verlieren wir dadurch, was den Fahrer in keiner Weise zu berühren scheint. Der hat nun wirklich eine besondere Art der Gelassenheit.

Nach ungefähr einer Stunde treffen wir in Cee ein. Es ist ein trüber, regnerischer Nachmittag und die Wolken hängen tief über der kleinen Stadt. Das Wetter passt irgendwie zu unserer Stimmung. Wir gehen deshalb erstmal Kaffee trinken und laufen dann die wenigen Kilometer zu unserer Unterkunft. Es ist ein gediegenes Hotel im Ambiente der 60er Jahre. Um das Schlafdefizit wieder auszugleichen, genehmigen wir uns eine Mittagsruhe, zumal das Wetter immer schlechter wird.

Der Nachmittagsspaziergang fällt ernüchternd aus. Die Stadt ist einfach nur langweilig und hat nicht viel zu bieten. Irgendwelche historischen Gebäude oder Sehenswürdigkeiten können wir nicht ausmachen, nicht einmal die Kirche ist etwas Besonderes. Obwohl der Ort an einer Meereseinbuchtung liegt, verfügt er über keinen richtigen Hafen, das Leben scheint hier irgendwie eingeschlafen zu sein. Touristen oder Pilger sind auch keine zu sehen.

Wir laufen kreuz und quer durch die Gegend, um unseren Bewegungsdrang zu befriedigen und die Zeit bis zum Abendessen zu überbrücken, das wir im Restaurant unseres Hotels einnehmen. Die Pizza mit Meeresfrüchten, der schön dekorierte Salat und der mundende Hauswein trösten ein wenig über den Frust hinweg.

Cee - 26.5.2018

Heute gönnen wir uns nochmal einen Ruhetag. Es bleibt uns auch nichts anderes übrig, weil wir schon im Voraus zwei Übernachtungen in Cee gebucht haben. Wir schlafen relativ lange aus und lassen uns beim Frühstück ausgiebig Zeit. Aber in dem tristen Ort wollen wir tagsüber nicht bleiben, zumal das Wetter sich wieder von seiner schönsten Seite zeigt. Wir wandern deshalb entlang dem Westufer der Bucht in das malerische Corcubion, eine kleine historische Stadt mit uralter Kirche und netten Bars. In eine von diesen, unterhalb der Kirche liegend mit schönem Blick aufs Meer, kehren wir zur Mittagspause ein.

Zurück in Cee haben wir rund 15 km hinter uns gebracht und damit unserem Laufbedürfnis für heute Genüge getan. Wir schlendern nochmals durch den Ort, begutachten den einigermaßen hübsch angelegten Park an der Meeresbucht und machen Kaffeepause in einer kleinen Bäckerei, bevor wir wieder unser Hotel aufsuchen. Am Abend schlagen wir uns den Bauch im Hotel mit einer deftigen Nudelpfanne voll, die reichlich mit Meeresfrüchten garniert ist. Dabei läuft auf einem riesigen TV-Bildschirm mit trommelfellschädigender Lautstärke das UEFA-Champions-League-Spiel FC Liverpool gegen Real Madrid. Unsere höflich vorgetragene Bitte an den Kellner, die Phonstärke auf ein erträglicheres Maß zu reduzieren, scheitert am Widerwillen der fußballverrückten spanischen Gäste, die in dieser Hinsicht überhaupt keine Einsicht zeigen wollen. Madrid gewinnt mit 3:1, Riesenspektakel im Hotel, die Leute im Speisesaal sind außer sich vor Freude, Sektkorken knallen und irgendwo in der Nähe wird ein Riesenfeuerwerk gezündet.

Fisterra - 27.5.2018

Beim Frühstück sehen wir im Speisesaal unseres Hotels nochmal John und Kim aus Texas. Wir unterhalten uns über die Eindrücke von Santiago und verabschieden uns dann herzlich. Endlich geht es wieder auf die Strecke. Doch irgendwie fühlt es sich anders an. Unser Weg verläuft nicht mehr in Richtung Santiago, sondern von Santiago weg. Unterwegs treffen wir praktisch keine Pilger mehr. Wir selber fühlen uns auch nicht mehr als solche, sondern nur noch als normale Wanderer. Das erhabene Gefühl, auf jahrtausendalten Pilgerwegen zu wandeln, ist nicht mehr da. Nach gut zwei Stunden kommen wir kurz vor Sardineiro de Abaixo an ein wunderschönes Restaurant, das unmittelbar am Atlantik liegt. Wir setzen uns nur wenige Meter vom Wasser entfernt an einen der vielen leeren Tische und genießen Kaffee und die herrliche Sicht auf die Bucht. Dann raffen wir uns wieder auf, um die restlichen Kilometer möglichst bald hinter uns zu bringen.

Der Weg erweist sich als überaus schön. Zwar geht er zunächst ein paar Kilometer entlang einer Autostraße, biegt dann aber in einen lichten Kiefernwald ein, um schließlich in einen mit üppig blühenden Ginstern umsäumten Pfad zu münden. Und urplötzlich steht man vor einem Steilabhang, der den Blick auf das Meer und die Bucht von Fisterra samt Fischerhafen und Kap freigibt. Ein unvergesslicher Augenblick. Die weiteren Kilometer sind reines Vergnügen. Sie führen hinunter ans Meer, entlang der weißen Sandstrände der Praia da Langosteira hinein nach Fisterra.

Unser kleines Hotel, das aussieht wie ein Fischerhaus an der Nordsee, befindet sich an der Einfahrtstraße in den Ort. Man sieht von dort aus weit auf das Meer. Unser Zimmer liegt jedoch nach hinten zum Garten hin, so dass wir von der Aussicht nichts haben, dafür aber vom Autolärm und den Abgasen verschont bleiben. Nachdem wir geduscht und die Klamotten gewechselt haben, laufen wir hinunter in den Hafen, um uns dort in einem Fischrestaurant zu stärken.

Danach geht es zum 5 km entfernten weltbekannten Cabo Fisterra, auch Kap Finisterre genannt. Dabei entdecken wir vor einer kleinen Bar Louis aus Argentinien, den wir schon ganz am Anfang unserer Reise kennengelernt haben. Er sitzt mit seiner Mutter beim Kaffeetrinken. Beide sind ganz gerührt und die Mama drückt uns fest und lange an ihre mütterliche Brust und vergießt dabei eine ganze Menge Freudentränen. Uns ist allen klar, dass es nun ein Abschied für immer sein wird, da die Beiden morgen zurück in ihre Heimat fliegen. Aber das gehört einfach zum Camino: Neue Freunde kennenzulernen, ein Stück des Weges miteinander zu gehen, sich vielleicht hin und wieder nochmals zu begegnen, um sich dann für immer aus den Augen zu verlieren.

Schweren, aber doch auch irgendwie freudigen Herzens, steigen wir hinauf zum Kap. Nur wenige Wanderer begegnen uns. Oben angekommen, sieht man schon den Kilometerstein Null. Er ist mit ein paar ausgelatschten Wanderstiefeln geschmückt, in denen frische Wiesenblumen stecken. Etwas entfernt davon befindet sich auf einem großen Felsblock das steinerne Kreuz, das nach alter Tradition von den Pilgern, die ihre Wanderung bis hierher fortgesetzt haben, zum symbolischen Abschluss ihrer Pilgerreise berührt wird. Wir gehen den Weg weiter, vorbei an hässlichen Kioskhütten und riesigen Parkplätzen, die fast völlig leer sind, da es schon später Nachmittag ist und die großen Touristenströme sich bereits auf dem Heimweg befinden.

Wir passieren das ganz oben auf dem Gipfel stehende Kap-Hotel und steigen die Klippen hinunter bis zur vordersten Spitze des Cabo, vor uns die endlose Weite des Atlantischen Ozeans. Für die alten Kelten war hier ein heiliger Ort, das Ende der Welt, die im Meer versinkende Sonne religiöses Symbol für Tod und Wiedergeburt, weshalb sie an dieser Stelle Brandopfer darbrachten. Die frühen christlichen Pilger verbrannten an gleicher Stelle ihre alten Kleider, um so symbolisch den Beginn eines neuen Lebens anzuzeigen. Manche heutige Pilger wollen es ihnen gleichmachen und zünden zwischen den Felsen ihre alten Schuhe, Socken oder sonstige von der Wanderung abgenutzten Sachen an, lassen aber meist die angekohlten Reste liegen oder versuchen, sie über die Klippen ins Meer zu werfen. Obwohl streng verboten, weil der Müll überhandgenommen hat, sieht man überall die scheußlichen Zeugnisse dieser sinnlosen Umweltverschmutzung, das hat mit der Ernsthaftigkeit der früheren Pilger nichts mehr zu tun.

Auf einem Felsvorsprung sitzend, geben wir uns schweigend dem Anblick des unter uns tosenden Meeres hin. Nach einer ganzen Weile hören wir ein Rufen und Gerhard kommt freudestrahlend auf uns zu. Er ist ein blonder Hüne aus Holland, gut 40 Jahre alt, mit dem wir uns auf dem Camino schon mehrfach unterhalten haben. Er scheint immer gut gelaunt zu sein und war meist in Damenbegleitung unterwegs. Er ist ein charmanter Erzähler und mit seinem holländischen Akzent hören wir ihn gern reden. Gerhard setzt sich zu uns und in der Einsamkeit des Kaps haben wir genügend Zeit und Muße, mit ihm tiefer ins Gespräch zu kommen. Er wird dabei sehr emotional und sagt, dass er schon einige Tage in Fisterra sei und immer wieder ans Cabo kommen müsse, das für ihn das eigentliche Ende und der Höhepunkt seiner Pilgerwanderung sei und ihn jedes Mal tief berühre.

Unter Tränen berichtet der Holländer uns von seinem Schicksal: Vor drei Jahren habe ihn ein schweres Burnout-Syndrom erfasst, so dass er nicht mehr fähig gewesen sei, wie bisher seiner Arbeit nachzugehen, weshalb ihn sein Chef entlassen habe. Da er nun nicht mehr über so viel Geld wie bisher verfügen konnte, sei es immer häufiger bei ihm zuhause zu Problemen gekommen und schließlich habe ihn seine Frau verlassen. Und zu allem Übel sei kurz darauf auch noch sein Vater gestorben, zu dem er eine besonders tiefe Beziehung gehabt habe. Um sich um seine Mutter kümmern zu können, sei er daraufhin zu ihr gezogen. Aber seine Depressionen seien immer größer geworden. Als er schon fast alle Hoffnung auf Besserung verloren gab, habe er sich aus lauter Verzweiflung an den Rat eines guten Freundes gehalten und sich auf den Weg nach Saint-Jean-Pied-der Port gemacht, um den Jakobsweg zu laufen. „Und das hat mich gerettet", sagt er mit einem tiefen Seufzer und fügt hinzu: „Ich habe auf dem Camino viele besondere Leute getroffen, mit denen ich tiefgehende Gespräche führen durfte und habe manches erlebt, was mich innerlich stark berührt hat, so dass ich nun wieder ruhigen und frohen Herzens heim zu meiner Mutter gehen kann, um ihr zu sagen, dass ich ein neues Leben beginnen werde." Wir halten uns zu dritt an den Händen und es wird ein bewegender Abschied. Aber auch ein schöner Schlusspunkt mit allem, was den Camino emotional ausmacht. Es ist unser letztes Pilgergespräch auf dem Camino.

Lires - 28.5.2018

Wir gehen heute erst um 10.00 Uhr auf Tour, ein völlig entspanntes Wandern. Man merkt, dass man sich nicht mehr auf dem Camino befindet. Zwar gibt es immer noch als Wegweiser die Zeichen mit der gelben Jakobsmuschel auf blauem Grund, sie tauchen aber immer seltener auf und man muss nun wirklich die Augen aufhalten, um sie nicht zu übersehen. Zusätzlich fällt uns schmerzlich auf, dass sich keine Bars und keine Pilgerkirchen mehr auf dem Weg finden lassen. Wir begegnen auch kaum noch Wanderern. Es ist kein Pilgern mehr!

So laufen wir stundenlang ohne Pause durch, zum großen Teil auf Landstraßen, die zum Glück nur wenig befahren sind. Die letzten Kilometer hinunter nach Lires ziehen sich durch Wälder und Wiesen. Das Wetter entspricht unserer Laune, grau und trüb. Erst als wir unser heutiges Tagesziel erreichen, bricht die Sonne durch die Wolken und wir fühlen uns wieder besser. Der unscheinbare Ort schmiegt sich zwischen einen Hügel und einen tief ins Land führenden Meeresarm. Unser Hotel liegt auf der Bergseite mit großartigem Blick auf die Bucht. Das Zimmer ist großzügig mit zwei langen Balkonen und breiten Fensterfronten ausgestattet, die einen freien Blick auf das Wasser erlauben.

Wir gehen zum Kaffeetrinken hinaus auf die weitläufige Terrasse in die warme Maisonne. Danach zieht es uns ans Meer, doch es ist gar nicht so einfach, wie es zunächst aussieht, dorthin zu gelangen. Wir kommen an erschreckend vielen Bauruinen vorbei, meist aufwändig gebaute

Wohnhäuser, die kurz vor der Fertigstellung standen, als sie aufgegeben wurden und nun vor sich hingammeln und langsam wieder verfallen. Das Ufer ist völlig zugebaut mit Fabrikanlagen und Gewerbebetrieben, alle scheinen verlassen und verkommen. Es sind die stummen, trostlosen Zeugen der spanischen Wirtschaftskrise, die das Land bis ins Mark getroffen hat. Da wir keinen Zugang zum Wasser finden und es Zeit für das Abendessen wird, kehren wir zurück ins Hotel. Seltsamerweise sind im Speisesaal nur sehr wenige Gäste, obwohl das Haus gut besucht ist. Das Tagesmenü, gebratener Seefisch mit Gemüse und Reis, ist ausgezeichnet, reichhaltig und preiswert.

Wir genehmigen uns mal wieder einen gemütlichen Fernsehabend und wollen uns gegen Mitternacht dem Schlaf anheimgeben. Wollen – aber wir können nicht. Es beginnt eine stundenlange Abwehrschlacht gegen aggressive und blutrünstige Schnaken, die wohl nur darauf gewartet haben, neue Hotelgäste auszusaugen. Erst als das Morgengrauen heraufzieht, lassen die quälenden Plagegeister mit ihrem nervtötenden Surren von den Stechattacken ab. Am hellen Morgen fällt uns auf, dass die Zimmerwände mit unzähligen kleinen Flecken übersät sind, Zeichen vergangener, aber letztendlich doch erfolgloser Abwehrkämpfe.

Muxia - 29.5.2018

Kaum zu glauben, unser letzter Wandertag. Bald wird diese einmalig intensive und erlebnisreiche Reise zu Ende sein. Wir wollen jede Minute dieses Tages auskosten. Deshalb lassen wir uns ausgiebig Zeit beim reichhaltigen Frühstück und machen uns erst um 9.00 Uhr auf den Weg. Es geht mehrere Kilometer durch Kiefernwälder bergauf. Unterwegs treffen wir keine Wanderer mehr. An einer Lichtung machen wir Rast, danach geht es nur noch abwärts auf immer sandiger werdenden Pfaden. Wir lassen den schattigen Wald hinter uns und marschieren über blühende Wiesen mit weitem Blick aufs offene Meer hinunter an die Küste.

Entlang der Uferstraße wandern wir in den kleinen Fischerort Muxia hinein und finden alsbald unser Hotel, das unmittelbar am Wasser liegt. Wir haben Glück und bekommen ein großes, modernes Zimmer mit herrlicher Sicht auf den Atlantik, selbst vom Bett aus kann man die Schiffe vorbeifahren sehen. Wie immer nach der Wanderung duschen wir, waschen unsere Klamotten und putzen ein letztes Mal die durchgelaufenen Wanderstiefel, um sie anschließend tief unten im Rucksack zu verstauen. Danach trinken wir in der Hotelbar Kaffee und stoßen mit einem Bier auf den Abschluss der Wanderung an. Ein erhabenes Gefühl, es bis hierher geschafft zu haben.

Ein Stadtrundgang darf natürlich nicht fehlen und so erkunden wir den Ort, der rund 5.000 Einwohner hat. Besondere Sehenswürdigkeiten sind innerorts nicht zu finden, sie liegen außerhalb am Kap Punta da Barca. An der felsigen Küste fällt ein ungewöhnlich aussehender

Felsbrocken ins Auge, der an ein mit dem Kiel nach oben liegendes Boot erinnert. Es soll die versteinerte Barke sein, mit der die Jungfrau Maria der Legende nach hier angelandet ist, um Jakobus bei seiner Missionsarbeit zu unterstützen. Gleich daneben findet sich ein neun Meter langes und nur 30 Zentimeter flaches Felsgestein, genannt ‚Pedra de Abalar', angeblich das versteinerte Segel des Bootes. Wir beobachten ein altes Paar, weit in den Siebzigern, das sich unter diesen flachen Felsen, der in der Mitte etwas vom Boden absteht, mit viel Mühe auf allen Vieren hindurchzwängt. Es soll Glück bringen, erfahren wir später, aber dafür fehlt uns nun wirklich jedes Verständnis, zumal man den Alten beim Wiederaufstehen behilflich sein muss.

Um die besondere Bedeutung des Ortes zu würdigen, wurde wenige Meter von diesen Felsen entfernt die Wallfahrtskirche Nostra Senora da Barca gebaut, wunderschön am Strand gelegen, umtost von den hoch aufspritzenden und schäumenden Wellen des Atlantiks.

Sie gilt als eines der wichtigsten Pilgerziele Galiciens. Am Weihnachtstag 2013 wurde die Kirche durch eine schwere Brandkatastrophe heimgesucht. Ein Blitz ist im Dach eingeschlagen und hat große Teile des Gotteshauses zerstört. Es wurde jedoch aufwändig restauriert, so dass von diesem Unglück nichts mehr zu sehen ist.

Wir besteigen den Hügel des Kaps, den Monte Corpino, von dem man eine gute Rundumsicht auf Muxia hat, das auf einer Landzunge liegt, die weit in den Atlantik hinausreicht. Auf einem Felsvorsprung sitzend lassen wir uns eine ganze Weile von der grandiosen Sicht gefangen nehmen, bevor wir zu dem imposanten Monument ‚A Ferida' (die Wunde) hinabsteigen.

Es ist eine 400 Tonnen schwere und 11 Meter hohe Steinstele, in deren Mitte ein breiter Spalt klafft. Dieser Gedenkstein soll an das verheerende Unglück vom November 2002 erinnern, als in einem schweren Sturm der Öltanker ‚Prestige' vor der Costa da Morta (Todesküste) zerschellte. Es verursachte eine schreckliche Umweltkatastrophe, die mit voller Wucht Muxia traf, deren Folgen bis heute noch nicht ganz beseitigt werden konnten. Vor dem Sockel dieses Monuments steht nochmals ein Wegstein mit der bekannten Jakobsmuschel und der Inschrift 0,00 km. Es ist der Schlussstein der Pilgerwegverlängerung, die von Santiago bis an diese Küste verläuft.

Santiago de Compostela - 30.5.2018

Es geht zurück nach Santiago. Der Bus fährt erst um 12.30 Uhr, genügend Zeit, um nach dem ausgiebigen Frühstück noch einmal hinaus aufs Kap zu gehen. Wir schlendern mit Rucksack und Wanderstöcken durch das Städtchen zur Punta da Barca. Dort setzen wir uns unweit der Felsklippen auf eine Bank und schauen in die tobende Brandung. Froh, diese Reise gewagt und dankbar, sie gut überstanden zu haben, aber auch schweren Herzens, dass sie morgen endgültig zu Ende sein wird, verlassen wir diesen einsamen Platz und steigen nochmal hinauf zum Monte Corpino, um unseren Blick ein letztes Mal über diese eindrucksvolle Landschaft und das endlose Meer schweifen zu lassen. Dann steigen wir hinunter nach Muxia und warten in einer Bar auf den Bus, der uns zurück nach Santiago bringen soll.

Dort angekommen, gehen wir durch die quirlige Altstadt, die uns jetzt schon wohl bekannt vorkommt, zu dem Hotel, in dem wir bereits vor einer Woche übernachtet haben und fragen uns, ob das wirklich schon so lange her ist. Uns ist es wichtig, nochmals die Pilgermesse am Abend zu besuchen. Der Gottesdienst wirkt auf uns jetzt irgendwie feierlicher, weil wir uns mehr auf die Handlungen konzentrieren können und nicht mehr so stark in den eigenen Emotionen gefangen sind. Die Freude über das erneute Schwingen des großen Weihrauchfasses über die Köpfe der Gottesdienstbesucher hinweg ist wieder riesig. Die Erfahrungen der vergangenen Wochen gehen mir durch den Kopf und geben der spanischen Camino-Weisheit recht: ‚Nach Jerusalem wandert man, um

Jesus zu suchen, nach Rom geht man zum Papst, doch der Camino nach Santiago de Compostela ist der Weg zu sich selbst'.

Zum Abschiedsabendessen haben wir uns mit Lynne und Ian in dem noblen Restaurant verabredet, in dem wir schon vergangene Woche waren. Wir bestellen Meeresfrüchte-Paella für vier Personen, dem Anlass entsprechend Riojawein und sitzen lange zusammen, einander zugetan wie alte Freunde, die eine gemeinsame Mission hinter sich gebracht haben.

Santiago de Compostela - 31.5.2018

Wir sitzen im Flugzeug und überfliegen die Strecke, über die wir wochenlang gepilgert sind. Über 1.000 Kilometer haben wir hinter uns gebracht, davon rund 900 Kilometer zu Fuß. Es kommt uns jetzt schon fast wie ein Traum vor, unsere Gedanken sind voller intensiver, schöner Bilder, unsere Herzen vollgesogen mit bewegenden und tiefgründigen Begegnungen und Erfahrungen. Wir werden bald zu Hause ankommen und unser normales Leben wieder aufnehmen, aber es wird ein anderes sein.

Und wenn uns jemand fragen sollte, ob wir Gott auf dem Camino getroffen haben, dann werden auch wir mit tiefster Überzeugung antworten: „Ja, wir haben ihn getroffen, jeden Tag: in der Schönheit der Natur, in den mystischen Regenbögen beim Camino Duro, auf den einsamen Pfaden der Meseta, in den prächtigen Kathedralen, mehr noch in den stillen, kleinen Kapellen am Wegesrand. Und vor allem in den vielen Menschen, die uns auf dem Jakobsweg begegnet sind und uns ein Stück des Weges begleitet haben, die uns von ihrem Glauben, ihren Zweifeln und Hoffnungen erzählten und uns Einblicke in ihr Leben und Denken gewährten." Diese Begegnungen sind so tief und eindrucksvoll gewesen, dass sie uns ein Leben lang in Erinnerung bleiben und uns Kraft und Zuversicht geben werden, vor allem in den Situationen, in denen wir mit dem Schicksal hadern oder unzufrieden sind. Jeden Tag seinen Weg zu gehen, sich den notwendigen Herausforderungen zu stellen und die Hoffnung auf ein gutes

Ende nicht zu verlieren, das sind wohl die wichtigsten Erkenntnisse unserer Pilgerwanderung.

Und daneben dies: Jedem Menschen, egal woher er kommt oder was er ist, mit Respekt und Offenheit zu begegnen, sich bemühen, mit ihm ins Gespräch zu kommen, um ihn kennenzulernen und zu verstehen. Denn alle unsere Einordnungs-, Abgrenzungs- bzw. Ausgrenzungskriterien werden dem einzelnen Menschen nicht gerecht.

‚Alles wirkliche Leben ist Begegnung', stellte einst der jüdische Philosoph Martin Buber fest, und diese Momente der Begegnung sind Augenblicke des Glücks und Geschenk des Schicksals. Wir haben viele solcher Begegnungen und Glücksmomente auf unserer Pilgerreise erleben dürfen, dafür sind wir zutiefst dankbar.

(Unser Camino, Originalgröße: 40 x 50 cm, Acryl)

Nachtrag:

Es ist Mai 2019, ich arbeite an der Abfassung des Kapitels über Sarria für dieses Buch und schreibe gerade über unser erstes Aufeinandertreffen mit Kangsugjoo, von dem ich seit unserer Rückkehr aus Spanien nichts mehr gehört habe. Plötzlich summt mein Handy, eine E-Mail aus Südkorea ist eingegangen: „Hallo Rödler, my friend…..“

Kann das Zufall sein?

Herzlichen Dank

meiner Frau Elke, für viele Anregungen und insbesondere für die Zurverfügungstellung der Camino-Bilder,
meinem Bruder Elgar Rödler,
meiner Tochter Ameli Rödler
und meinem alten Freund Reinhard Bartel für das Korrekturlesen.

(Titelbild: Pilgerstatue auf dem Monte Pozo de Area, Originalgröße 30x40cm, Aquarell)

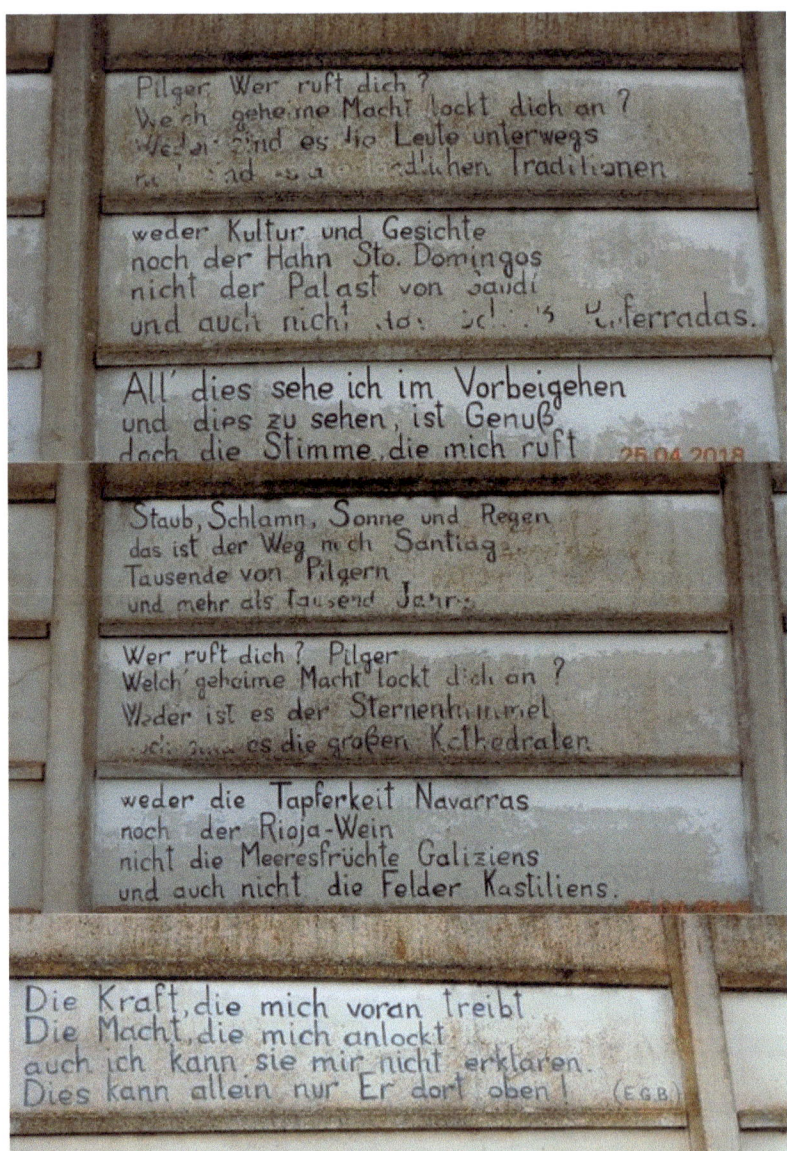

Pilger: Wer ruft dich?
Welch geheime Macht lockt dich an?
Weder sind es die Leute unterwegs
nach ihren unterschiedlichen Traditionen

weder Kultur und Gesichte
noch der Hahn Sto. Domingos
nicht der Palast von Gaudi
und auch nicht das Schloß Ponferradas.

All' dies sehe ich im Vorbeigehen
und dies zu sehen, ist Genuß
doch die Stimme, die mich ruft 25.04.2018

Staub, Schlamm, Sonne und Regen
das ist der Weg nach Santiago
Tausende von Pilgern
und mehr als tausend Jahre.

Wer ruft dich? Pilger
Welch geheime Macht lockt dich an?
Weder ist es der Sternenhimmel
noch sind es die großen Kathedralen.

weder die Tapferkeit Navarras
noch der Rioja-Wein
nicht die Meeresfrüchte Galiziens
und auch nicht die Felder Kastiliens.

Die Kraft, die mich voran treibt
Die Macht, die mich anlockt
auch ich kann sie mir nicht erklären.
Dies kann allein nur Er dort oben! (E.G.B.)

(An einer Betonwand irgendwo auf dem Camino)

226

(Jakobusstatue, Kathedrale Santiago de Compostela)

Wolfgang Rödler wurde 1953 in Reutlingen geboren und ist dort aufgewachsen. Er studierte an der Universität Tübingen Wirtschaftswissenschaften und Geschichte. Bis zu seiner Pensionierung war er Lehrer an der Walther-Groz-Schule in Albstadt.

Elke Rödler wurde 1960 in Gomaringen bei Reutlingen geboren und ist in Ehingen an der Donau aufgewachsen. Nach einer diakonischen Ausbildung war sie in der Militärseelsorge tätig.

Das Ehepaar lebt in Albstadt-Ebingen.

(Am Pilgerdenkmal in León)